AI와 몰입형 디지털 학습 환경

인공지능총서

인공지능 시대입니다. 기계가 인간의 인지를 대신하고, 사물이 인간을 통하지 않고 다른 사물과 직접 커뮤니케이션합니다. 이에 따른 인간 삶과 문명 변화를 정확히 이해·예측·대응하는 것은 이 시대 우리 모두의 과제입니다. 인공지능총서는 인공지능 기술과 환경의 여러 주제를 10가지 키워드로 정리합니다. 관련 개념과 이론, 학계와 산업계의 쟁점, 우리 일상의 변화를 다룹니다. 인간과 기술의 현재, 미래를 세심히 분석합니다.

일러두기

- 인명, 작품명, 저서명, 개념어 등은 한글과 함께 괄호 안에 해당 국가의 원어를 병기했습니다.
- 외래어 표기는 현행 어문규정의 외래어표기법을 따랐습니다.

처음이세요?

전문가세요?

AI와
몰입형 디지털 학습 환경

문제웅

대한민국, 서울, 커뮤니케이션북스, 2025

AI와 몰입형 디지털 학습 환경

지은이 문제웅
펴낸이 박영률

초판 1쇄 펴낸날 2025년 10월 17일

커뮤니케이션북스(주)
출판 등록 2007년 8월 17일 제313-2007-000166호
02880 서울시 성북구 성북로 5-11
전화(02) 7474 001, 팩스(02) 736 5047
commbooks@commbooks.com
www.commbooks.com

ISBN 979-11-430-1336-1 03500

책값은 뒤표지에 표시되어 있습니다.

차례

AI와 몰입형 디지털 학습 환경으로의 초대

우리는 지금 인류의 학습 방식에 근본적이고도 다양한 변화를 가져올 기술적 변혁의 시점에 서 있다. 생성형 인공지능(Generative AI)의 비약적인 발전, 거대 언어 모델(LLM)의 지능화된 처리 능력, 그리고 가상 현실(VR), 증강 현실(AR), 혼합 현실(MR)을 포괄하는 확장 현실(XR) 기술의 지속적인 진화는 교육 분야에 특히 혁신적인 가능성을 제시한다. 이러한 기술들은 단순한 도구를 넘어 학습자 중심의 환경을 재구성하며, 개인화된 학습 경로를 실시간으로 조정하고, 몰입감을 통해 지식 습득의 효율성을 극대화한다. 예를 들어, 생성형 AI는 텍스트나 이미지, 심지어 가상 시나리오를 자동 생성하여 학습 콘텐츠를 풍부하게 만들고, LLM은 학습자의 질문에 즉각적이고 맞춤형 응답을 제공하며, XR 기술은 실제와 유사한 가상 공간에서 실험과 탐구를 가능하게 한다. 이 핵심 기술들의 결합을 통해 구축되는 '적응형 디지털 학습 환경'은 학습자 개개인의 인지 수준, 학습 스타일, 그리고 필요에 따라 최적화된 경험을 제공하는 것을 목표로 하며, 이는 전통적 교육의 한계를 넘어 포괄적이고 지속 가능한 학습 생태계를 형성한다.

그러나 이러한 기술적 가능성에 대한 기대감 이면에는, 우리가 반드시 직면해야 할 중요한 질문들이 존재한다. 첫째, 이러한 기술들이 실제로 학습 효과를 향상시킨다는 것을 어떻게 증명할 것인가? 화려한 시각 효과와 높은 몰입감이 반드시 깊은 이해와 장기적 학습 전이로 이어지는가? 둘째, AI가 생성하는 학습 콘텐츠와 피드백의 신뢰성을 어떻게 담보할 것인가? 할루시네이션(환각) 문제나 알고리즘의 편향성은 학습자들에게 어떤 영향을 미칠 수 있는가? 셋째, 학습자의 시선, 음성, 생체 신호와 같은 민감한 데이터를 수집하고 분석하는 과정에서 프라이버시와 윤리를 어떻게 보호할 것인가? 이러한 질문들은 단순히 기술적인 문제를 넘어, 교육의 본질과 책임에 관한 철학적 성찰을 요구한다.

이 책은 바로 이러한 비판적 질문들을 중심에 두고, 기술의 가능성과 한계를 균형 있게 탐구하고자 한다. 우리는 AI와 몰입형 기술이 교육에 가져올 수 있는 긍정적 변화를 낙관적으로 전망하면서도, 동시에 그 과정에서 발생할 수 있는 위험과 도전 과제들을 솔직하게 논의한다. 특히 이 책은 두 가지 핵심 원칙을 일관되게 강조한다.

첫째는 '인간 개입 루프(Human-in-the-Loop)'의 필요성이다. AI의 데이터 분석 능력이 아무리 뛰어나더라도, 학습자에 대한 최종적인 교육적 판단과 개입은 반드시 인간 전문가의 손에 남아 있어야 한다. AI는 교사를 대체하는 것이 아니라, 교사가 더 나은 결정을 내릴 수 있도록 돕는 지능형 조력자로 자리매김해야 한다. 둘째는 '증거 중심 설계(Evidence-Centered Design)'의 중요성이다. 몰입형 학습 환경의 효과는 주관적인 인상이나 일화가 아닌, 엄격한 과학적 방법론을 통해 검증되어야 한다. 학습자의 행동 데이터가 실제로 역량 향상의 증거로 타당하게 해석될 수 있는지, 그 논리적 연결고리가 투명하게 제시되어야만 교육 현장에서의 신뢰와 지속 가능성을 확보할 수 있다.

교육 현장을 오랫동안 지켜본 사람이라면 누구나 공감하겠지만, 새로운 기술이 등장할 때마다 우리는 비슷한 패턴을 목격해 왔다. 초기의 열광과 과도한 기대, 그 뒤를 따르는 환멸의 골짜기, 그리고 결국에는 기술의 실질적 가치를 찾아내는 성숙의 단계. 1990년대 인터넷 기반 학습의 등장, 2000년대 학습 관리 시스템(LMS)의 보편화, 2010년대 대규모 온라인 공개 강좌(MOOC)의 붐과 쇠퇴는 모두 이러한 사이클을 거쳤다. 그렇다면 현재의 AI와 몰입형 기술은 과연 다를까? 이 질문에 대한 답은 우리가 어떤 태도로 이 기술들을 대하느냐에 달려 있다. 만약 우리가 이 기술들을 '마법의 탄환(silver bullet)'으로 여기고 교육의 모든 문제를 해결해 줄 것이라 기대한다면, 우리는 필연적으로 실망하게 될 것이다. 그러나 만약 우리가 이 기술들의 강점과 한계를 냉철하게 분석하고, 교육학적 원칙에 기반하여 신중하게 설계하며, 실제 학습 효과를 엄격하게 검증한다면, 우리는 진정으로 의미 있는 변화를 만들어 낼 수 있다.

이 책은 이러한 혁신적인 기술 융합의 현재 시점과 그를 통해 가져올 디지털 교육 설계의 미래 관점을 심층적으로 논의하고자 한다. 단순히 기술의 나열이나 표면적 소개를 넘어, AI와 몰입형 학습 경험 설계(Immersive Learning Experience Design) 기술이 어떻게 학습자의 참여를 극대화하고, 이해를 심화하며, 지식의 습득과 활용을 촉진하는지 그 원리와 실제 적용 사례를 세밀하게 검토한다. 각 챕터는 구체적 사례 연구와 실증 데이터를 통해 이론과 실천의 간극을 메우고자 한다. 또한 AI 기반의 상호작용성(Interactivity) 강화가 학습자와 시스템 간의 동적 대화를 가능하게 하고, 학습 평가(Learning Assessment) 및 학습 분석(Learning Analytics)의 혁신이 데이터 기반 인사이트를 제공하는 방식을 탐구한다. 이는 기술 중심이 아닌 인간 중심의 설계를 강조하며, 윤리적 고려와 포용성을 반영한 균형 잡힌 관점을 제안한다.

책의 구성

이 책은 총 10개의 챕터로 구성되어, AI와 몰입형 기술의 융합을 체계적으로 탐구한다. 첫째 챕터에서는 AI와 몰입형 기술의 기본 개념과 역사적 발전을 개괄하고, 이들이 교육 분야에서 디지털 학습 환경으로 어떻게 진화해왔는지 그 과정을 조명하며, 초기 컴퓨터 지원 학습부터 현재의 AI 주도 시스템까지의 연대기를 분석한다. 이어지는 챕터들에서는 LLM을 활용한 적응형 학습 경험 설계가 학습자의 피드백을 실시간으로 반영하는 메커니즘을 논의하고, VR/AR/MR 등 확장 현실 기술을 통한 몰입 학습 촉진이 감각적 · 인지적 몰입을 어떻게 강화하는지 사례를 통해 설명한다. 또한 생성형 AI를 통한 적응형 학습 콘텐츠 자동화가 콘텐츠 생성의 효율성을 높이는 방안을 구체적으로 제시하며, AI 기반 상호작용성 강화 및 적응형 학습 지원 방안이 챗봇이나 가상 튜터를 통해 어떻게 구현되는지 탐구한다. 교육용 게임 분석(Serious Game Analytics)은 게임 내 행동 데이터를 분석하여 학습 패턴을 파악하는 방법을, 멀티모달 학습 분석(Multimodal Learning Analytics)은 시각 · 청각 · 운동 데이터의 통합으로 학습자를 심층적으로 이해하고 지원하는 전략을 제시한다. AI 기반 평가 시스템과 자동화된 피드백 제공 전략은 전통적 시험을 넘어 연속적 평가를 가능하게 하는 혁신을 논의하며, 마지막 챕터들에서는 AI의 데이터 분석 능력과 인간 전문가의 판단력을 결합하는 Human-in-the-Loop 접근법을 통해 신뢰성과 윤리성을 확보하는 방안을 심도 있게 탐색한다. 심리스러닝(Seamless Learning) 개념을 설명하며, 온라인과 오프라인 학습의 경계를 없애는 미래 비전을 제시하고, AI 기반 몰입형 디지털 학습 환경의 미래를 어떻게 설계할지, 그리고 그러한 비전에서 교육자가 갖춰야 할 역량—예를 들어 기술 리터러시와 윤리적 판단력—을 전망한다.

이 책은 교육자, 연구자, 기술 개발자, 정책 입안자 등 교육 혁신에 관심 있는 모든 이들에게 AI와 몰입형 기술의 융합이 가져올 디지털 학습 환경에 관한 실질적이고 영감을 주는 아이디어를 제공하는 데 그 목표가 있다. 우리는 이 책이 차세대 학습 환경의 구체적인 그림을 그리며, 학습자들의 경험을 더욱 풍요롭고 효과적으로 만드는 데 이바지하기를 기대한다. 궁극적으로, 이 논의는 기술이 교육의 본질을 보완하는 지능형 파트너로 자리매김하도록 돕고자 한다. 이 책은 그 목표를 달성하기 위한 핵심 전제로, 기술의 잠재력은 반드시 인간 전문가의 통찰력과 결합(Human-in-the-Loop)되어야 하며, 그 효과는 과학적 방법론에 따라 엄격히 검증(Evidence-Centered Design)되어야 한다는 책임감 있는 청사진을 제시한다.

01
AI와 몰입형 디지털 학습의 이해

인공지능(AI)과 몰입형 기술(VR, AR, MR, XR)의 기본 개념과 역사적 발전을 간략히 소개하고, 이들이 교육 분야에서 어떻게 결합되어 적응형 학습 환경을 발전시켜 왔는지를 설명한다. 기술적 정의와 함께 교육적 맥락에서의 중요성을 강조한다.

기후 위기와 인공지능?

인공지능의 개념 및 역사적 발전 과정

인공지능(AI)은 컴퓨터 시스템이 과거에는 인간만이 수행할 수 있었던 추론, 의사 결정, 문제 해결, 창의성, 자율성 등 복잡한 작업을 모방하고 수행할 수 있도록 하는 기술을 의미한다. 이는 기계 학습(Machine Learning), 딥러닝(Deep Learning), 자연어 처리(Natural Language Processing, NLP) 등 광범위한 기술을 포괄하는 상위 개념으로 이해될 수 있다. 오늘날 AI는 TV 프로그램 추천 앱부터 실시간 고객 지원 챗봇에 이르기까지 일상생활의 다양한 서비스와 제품에 적용되어 있다(e.g., Russell & Norvig, 2021; Boden, 2016; Kaplan, 2016).

AI의 개념은 고대 그리스 신화에 등장하는 자동 기계에 대한 상상까지 거슬러 올라가지만, 현대 AI의 실질적인 시작은 1950년대 영국의 수학자 앨런 튜링이 "기계도 생각할 수 있는가?"라는 질문을 던지고 튜링 테스트를 제안하면서부터였다(Turing, 1950). 이후 1956년, 존 매카시가 다트머스 대학에서 열린 컨퍼런스에서 '인공지능'이라는 용어를 공식적으로 사용하며 이 분야의 초석을 다졌다(McCarthy et al., 2006).

1960년대에는 컴퓨터 보조 교육(Computer-Assisted Instruction, CAI) 시스템이 등장하여 고가의 메인프레임 컴퓨터를 통해 교육 자료를 제공하기 시작했다. 1970년대에는 일대일 튜터링을 모방하려는 지능형 튜터링 시스템(Intelligent Tutoring Systems, ITS)이 개발되어, 학생들의 반응에 따라 학습 경로를 조정하는 개인화된 학습의 초기 형태를 제시했다. 1980년대에 들어서는 백프로파게이션(Backpropagation) 알고리즘을 사용하는 신경망이 AI 애플리케이션에 널리 활용되기 시작하며, 학습 능력을 가진 시스템의 가능성을 열었다(Nilsson, 2009).

1990년대 이후 컴퓨터 기술의 비약적인 발전과 함께 AI 연구는 다시 활기를 띠기 시작했다. 특히 기계 학습과 딥러닝 분야에서 큰 진전이 있었는데, 딥러닝은 다층 신경망을 활용하여 인간 뇌의 복잡한 의사 결정 능력을 더욱 가깝게 모방한다. 현재 대부분의 AI 애플리케이션은 이러한 딥러닝 기술에 의해 구동되고 있다. 2022년에는 OpenAI의 ChatGPT 공개와 같은 거대 언어 모델(LLM)의 등장이 AI 성능과 잠재력을 극적으로 변화시켰으며, 이는 텍스트, 이미지, 비디오 등 독창적인 콘텐츠를 생성하는 생성형 인공지능(Generative AI) 시대를 본격적으로 열었다(Wooldridge, 2021; Lungarella et al., 2007).

AI의 역사를 살펴보면, 1956년 용어 탄생 이후 빠른 발전이 있었지만, 수십 년간 연구 관심이 식었다가 1990년대 이후 다시 급부상하는 비선형적인 특성을 보인다. 특히 2022년 ChatGPT의 등장은 AI의 성능과 잠재력을 극적으로 변화시켰는데, 이는 기술 발전이 선형적이지 않고, 특정 시점의 핵심 돌파구가 전체 분야의 패러다임을 바꿀 수 있음을 시사한다. 교육 분야에서 이러한 AI 기술의 수용 역시 초기에는 CAI와 ITS의 형태로 제한적이었으나, 최근 LLM과 생성형 AI의 발전, 그리고 이를 지원하는 그래픽 카드 및 관련 반도체 산업의 혁신과 성장이 이를 지원했다. 이는 AI를 활용한 디지털 교육 혁신에 대한 기대를 폭발적으로 증가시키고 있다. 이러한 흐름은 교육 현장에서 새로운 AI 기술을 도입할 때 기술의 현재 능력뿐만 아니라, 그 기술이 과거 어떤 단계를 거쳐 왔고, 어떤 요인들이 그 발전을 가속화하거나 지연시켰는지를 이해하는 것이 중요함을 보여준다. 이는 교육자가 기술 도입의 현실적인 기대치를 설정하고, 장기적인 로드맵을 수립하는 데 도움을 줄 수 있다. 또한 AI 기술의 "마법 같은" 효과에만 집중하기보다는, 그 기술이 교육적 가치를 제공하기 위해 필요한 인프라, 교사 역량, 윤리적 고려 사항 등을 함께 준비해야 함을 시사한다 (Crevier, 1993; Haenlein & Kaplan, 2019).

몰입형 기술의 개념 및 역사적 발전 과정

몰입형 기술은 학습자를 현실적이고 상호작용적인 환경에 배치하여 경험적 학습을 가능하게 하는 기술적 접근 방식이다. 특히 사용자들의 다양한 감각들을 자극시키는 것이 몰입형 기술의 특성이다. 이는 가상 현실(Virtual Reality, VR), 증강 현실(Augmented Reality, AR), 혼합 현실(Mixed Reality, MR), 확장 현실(Extended Reality, XR)을 포함하는 광범위한 개념이다. 각 기술의 주요 특징은 다음과 같다.

가상 현실: VR는 컴퓨터로 생성된 3D 환경을 시뮬레이션하며, 사용자는 VR 헤드셋을 착용하여 실제 세계와 완전히 단절된 가상 환경에 몰입한다. 이러한 환경은 시각, 청각 등 다양한 감각 입력을 통해 현실과 유사한 경험을 제공한다. VR의 핵심 특성으로는 시뮬레이션이 사용자의 감각을 자극하여 환경을 재현하는 능력인 '몰입(Immersion)', 사용자가 가상 환경에 물리적으로 존재한다고 느끼는 주관적인 경험인 '지각' 또는 '현존감(Presence)', 그리고 사용자가 가상 환경과 상호작용하고 적절한 피드백을 받을 수 있는 능력인 '상호작용성(Interactivity)'이 있다. 특히 몰입은 장치의 객관적인 기술적 속성(360도 시야, 실감나는 시뮬레이션)을 의미하

며, 현존감은 가상 경험에 대한 인간의 주관적인 인식을 말한다. 기존의 3차원으로 만들어진 시각 객체에서부터, 헤드셋을 사용한 Immersive VR 포맷에 이르기까지 모두 가상 현실이라고 언급된다.

증강 현실: AR는 실제 세계에 디지털 콘텐츠(이미지, 비디오, 3D 모델 등)를 오버레이(Overlay)하여 현실을 확장하는 기술이다. 스마트폰이나 AR 안경과 같은 장치를 통해 실제 환경과 디지털 요소가 혼합되어 나타나며, 이는 사용자의 실제 세계에 대한 인식을 변화시킨다. 이는 3D 객체 자체보다는 그 객체가 현실의 공간에 어떻게 오버레이되는지의 기술적 특성을 강조하는 개념이다.

혼합 현실: MR는 실제 환경과 가상 환경을 병합하여 사용자가 물리적 공간에서 디지털 객체와 실시간으로 상호작용할 수 있도록 한다. 이는 AR의 특별한 형태로, 물리적 객체와 디지털 객체 간의 상호작용이 가능하다는 점에서 AR와 차별화된다. 특히 최근 디지털 트윈이라는 기술을 통해서 혼합 현실이 현실화되고 있는데, 가상 환경에서의 활동이 실제 환경에서의 자극 및 결과에 반영되고, 실제 환경에서의 활동 및 자극이 다시 혼합 현실에서의 활동과 긴밀히 연결되도록 하는 것이 핵심이다.

확장 현실: XR는 VR, AR, MR를 포괄하는 상위 개념으

로, 가상과 물리적 환경을 혼합하여 몰입적이고 상호작용적인 경험을 생성하는 모든 기술을 포함한다.

몰입형 기술의 역사적 맥락은 1800년대 3D 시청 개념을 대중화한 스테레오스코프의 등장과 함께 시작된다. 1935년 스탠리 와인바움의 소설에서 현대 VR 고글을 예측했고, 1956년 모튼 헤이리그는 3D 비디오, 사운드, 냄새, 촉각 피드백을 결합한 최초의 VR 기계인 센소라마(Sensorama)를 발명했다. 1960년에는 최초의 머리 장착 디스플레이(Head-Mounted Display, HMD)를 특허 냈다. 1968년 이반 서덜랜드는 컴퓨터 생성 그래픽을 표시하는 최초의 AR 헤드셋인 '다모클레스의 칼(The Sword of Damocles)'을 만들었으며, 1987년 재론 래니어(Jaron Lanier)가 '가상 현실'이라는 용어를 만들면서 이 분야의 명칭이 확립되었다. 1990년 토마스 코델은 '증강 현실'이라는 용어를 만들었다. 1994년 폴 밀그램과 후미오 키시노는 혼합 현실 개념을 도입하며 현실-가상 연속체(Virtuality Continuum) 이론을 제시했다(Milgram & Kishino, 1994). 2014년 구글 카드보드와 2016년 오큘러스 리프트, 2016년 증강 현실 게임 포켓몬 고(Pokemon Go)는 몰입형 기술의 대중화에 크게 기여했다.

VR, AR, MR, XR는 단순히 다른 기술이 아니라, 현실-

가상 연속체상에 존재하는 스펙트럼을 이룬다. VR가 현실 세계를 완전히 차단하고 가상 환경에 몰입시키는 반면, AR는 실제 세계에 디지털 정보를 오버레이하고, MR는 실제와 가상 객체가 실시간으로 상호작용한다. XR는 이 모든 것을 포괄하는 상위 개념이다. 이러한 스펙트럼적 특성은 각 기술이 교육적 목표와 맥락에 따라 매우 다양한 방식으로 활용될 수 있음을 의미한다. 특히 가상현실을 활용한 학습환경 설계에 초점을 둔 교수설계자(Instructional Designer)는 특정 학습 목표를 달성하기 위해 어떤 몰입형 기술이 가장 적합한지 신중하게 고려해야 한다. 예를 들어, 위험한 시나리오에서의 실습 훈련에는 완전 몰입형 VR가 적합하고, 실제 환경에서 정보 보강이 필요한 현장 학습에는 AR가 유용하며, 협업적 문제 해결에는 MR가 효과적일 수 있다. 단순히 최신 기술을 도입하는 것을 넘어, 각 기술의 고유한 특성을 이해하고 교육적 가치를 극대화하는 맞춤형 접근 방식이 필요하다.

교육 분야에서 AI와 몰입형 기술의 결합을 통한 적응형 학습 환경의 발전 과정

교육 분야에서 AI와 몰입형 기술의 결합은 적응형 학습 환경의 발전을 가속화하는 핵심 동인으로 작용해 왔다. 이 책에서 '적응형 학습 환경'이란, 시스템이 학습자 개개인의 수준, 필요, 상태에 동적으로 반응하는 포괄적 개념을 의미하며, 이는 흔히 논의되는 '개인화(personalization)' 및 '맞춤형(customization)' 학습을 모두 포함하는 상위의 틀이다. 적응형 학습의 초기 단계는 1960년대 컴퓨터 보조 교육(CAI)과 1970년대 지능형 튜터링 시스템(ITS)의 등장과 함께 시작되었다. 이들은 학생 반응에 따라 학습 경로를 조정하는 개인화된 학습의 잠재력을 보여주었다.

2000년대 이후에는 AI 기반 적응형 학습 플랫폼이 본격적으로 부상하기 시작했다. 이러한 시스템은 학습자 성과 데이터를 분석하여 교육 콘텐츠를 동적으로 조정하는 알고리즘을 활용했으며, 이는 기존 학습 관리 시스템(LMS)에서 인공지능 및 학습분석학(learning analytics) 기반의 적응형 학습 시스템(Adaptive Learning Systems, ALS)으로의 전환을 의미한다. ALS는 학습자의 강점과 약점을 파악하고 맞춤형 교육 자료를 제공하여 학습 경험을 최적화한다. 이러한 적응형 학습 플랫폼은 이상적으로 학습자들의 개인화 경험을 지원하기 위한 목표로서 많은 디지털 환경시스템에서 설계의 바탕으로 적용되고 있다.

몰입형 기술의 교육적 적용은 1990년대부터 VR와 AR가 교육에 도입되면서 확대되었다. 가상 수술 훈련, 가상 분자 조립, 협업 학습 등 다양한 분야에서 몰입형 기술의 잠재력이 확인되었다. 특히 2000년대에는 VR/AR 기술 비용이 감소하면서 교육 분야에서의 적용이 더욱 확산되었다. 문제 해결 및 탐구기반 학습 설계와 시너지를 내면서, 가상 현실을 구성주의(constructivism) 기반의 학습 환경에 적용하려는 연구 및 설계의 노력들이 빈번하게 나타났다. 2020년대 들어서, 특히 한국에서는 메타버스가 버즈워드로 많이 대두되고, 이를 적용하기 위한 민간/공적 자원이 투입되면서 기술에 대한 연구들이 활발하게 진행되었다.

최근 몰입형 기술의 융합 및 발전은 상황 인지적(situated), 1인칭 시점(first-person)의, 적응형(adaptive), 다중 모드(multimodal) 학습 경험을 가능하게 한다는 연구 결과가 제시되고 있다. 그 와중에 AI는 몰입형 환경에서 학습자 행동을 분석하여 콘텐츠를 개인화하고, 실시간 피드백을 제공하며, 난이도를 조정하는 등 적응성을 강화하는 핵심적인 역할을 수행한다.

교육 공학의 역사를 보면 CAI와 ITS는 초기부터 '개인화'된 학습 경로를 제공하려 했다. 한편, 몰입형 기술은 '경험적 학습'과 '현실감'을 강조하며 학습 참여도와 이해도를 높이는 데 기여해 왔다. AI와 몰입형 기술의 융합은 이 두 가지 핵심 동인, 즉 개인화와 경험적 학습을 동시에 극대화하는 방향으로 진화하고 있다. AI가 학습자의 미묘한 행동과 선호를 실시간으로 분석하여 몰입형 시나리오의 난이도, 내용, 피드백을 즉각적으로 조정함으로써, 학습자는 단순히 개인화된 콘텐츠를 받는 것을 넘어 '자신에게 최적화된 몰입형 경험'을 하게 된다. 이러한 발전은 적응형, 그리고 몰입형 디지털 학습 환경의 미래가 단순히 기술적 통합을 넘어, 학습자의 인지적, 정서적, 행동적 데이터를 기반으로 '초개인화된 몰입 경험'을 제공하는 데 있음을 보여준다. 이는 학습 효율성을 극대화할 뿐만 아니라, 학습자의 동기 부여와 참여도 또한 매우 향상시킬 수 있다. 따라서 디지털 학습 환경 설계 시, AI의 데이터 분석 능력과 몰입형 기술의 경험 제공 능력을 유기적으로 결합하기 위한 미래의 연구들이 필요하며, 특히 여기에서는 학습자가 '자신만의 최적화된 가상 튜터'와 '맞춤형 가상 세계'에서 학습하도록 지원하는 데 초점을 맞춰야 한다.

참고문헌

Boden, M. A.(2016). *AI: Its nature and future.* Oxford University Press.

Crevier, D.(1993). *AI: The tumultuous history of the search for artificial intelligence.* Basic Books.

Haenlein, M. & Kaplan, A.(2019). A brief history of artificial intelligence: On the past, present, and future of artificial intelligence. *California Management Review, 61*(4), pp.5~14.

Kaplan, J.(2016). *Artificial intelligence: What everyone needs to know.* Oxford University Press.

Lungarella, M. et al.(2007). *50 years of artificial intelligence: Essays dedicated to the 50th anniversary of artificial intelligence.* Springer.

McCarthy, J. et al.(2006). A proposal for the Dartmouth summer research project on artificial intelligence, August 31, 1955. *AI Magazine, 27*(4), pp.12~14.

Milgram, P. & Kishino, F.(1994). A taxonomy of mixed reality visual displays. *IEICE Transactions on Information and Systems, 77*(12), pp.1321~1329.

Nilsson, N. J.(2009). *The quest for artificial intelligence.* Cambridge University Press.

Russell, S. & Norvig, P.(2021). *Artificial intelligence: A modern approach.* Pearson.

Turing, A. M.(1950). Computing machinery and intelligence. *Mind, 59*(236), pp.433~460.

Wooldridge, M.(2021). *A brief history of artificial intelligence: What it is, where we are, and where we are going.* Flatiron Books.

02
거대 언어 모델과 적응형 학습 경험 설계

거대 언어 모델(LLM)의 개념을 심층적으로 탐구하고, LLM이 적응형 학습 환경을 구축하며 학습자의 개별 특성과 필요에 따라 학습 경험을 설계하는 데 어떻게 활용될 수 있는지 구체적인 사례를 통해 제시한다.

노래하는 AI 보컬?

LLM의 기본 개념 및 교육적 활용 가능성

LLM은 방대한 텍스트 데이터로 훈련되어 인간과 유사한 텍스트를 생성하고, 질문에 답하며, 요약하고, 번역하는 등 다양한 언어 관련 작업을 수행하는 인공지능 모델이다. LLM은 생성형 AI의 핵심 구성 요소로, 복잡하고 독창적인 콘텐츠를 생성하는 데 사용된다. 특히 트랜스포머(Transformers) 모델은 순차(sequence) 데이터로 훈련되어 문장의 단어, 이미지의 형태, 비디오 프레임, 소프트웨어 코드 명령 등 확장된 콘텐츠 시퀀스를 생성하며, ChatGPT, GPT-4와 같은 현재 대부분의 생성형 AI 도구의 핵심 기술이다(Vaswani et al., 2017; OpenAI, 2023; Bubeck et al., 2023).

최근 다양한 연구들에서 이미 언급된 바와 같이, 교육 분야에서 LLM의 잠재력은 매우 크다. 첫째, LLM은 학습자의 수준과 선호도에 맞춰 맞춤형 교재, 문제, 설명 등을 생성하여 개인화된 학습 콘텐츠를 제공하기 위한 최적화가 가능하다. 이는 학습자가 자신에게 개인화된 속도와 방식으로 학습할 수 있도록 돕는다. 둘째, 학습자의 질문에 실시간으로 답변하고, 복잡한 개념을 쉽게 설명하며, 다양한 관점을 제공함으로써 학습 지원의 질을 높일 수 있다. 이는 보편성 측면에서 학습 정보의 표현을 다각화해서, 본인이 원하는 수준과 정보의 유형으로 학습 정보를 인식할 수 있게 해 준다. 셋째, 다국어 콘텐츠 생성 및 번역을 통해 언어 장벽을 허물고 글로벌 교육 접근성을 높이는 데 기여한다. 마지막으로 스토리텔링, 시나리오 생성 등을 통해 학습자의 창의적 사고와 문제 해결 능력을 자극하는 창의적 학습을 촉진할 수 있다 (Radford et al., 2019; Brown et al., 2020).

LLM은 단순히 텍스트를 생성하는 것을 넘어, 방대한 데이터 학습을 통해 '맥락'을 이해하고 반응하는 능력을 갖추고 있다. 이러한 맥락 인지 능력은 교육 분야에서 학습자와의 상호작용을 단순한 질의응답을 넘어선 '지능적인 대화'로 발전시킨다. 예를 들어, LLM은 학습자의 질문 의도, 오개념의 근원, 심지어 몰입형 환경과의 결합 시 정서적 상태까지 고려하여 맞춤형 설명을 제공하거나, 대화의 흐름을 학습 목표에 맞춰 유도할 수 있다. 이는 기존의 규칙 기반 튜터링 시스템이 제공하지 못했던 유연성과 깊이를 제공한다. LLM 기반의 학습 환경은 학습자가 '정보를 수동적으로 소비하는' 방식에서 벗어나, '능동적으로 탐구하고 대화하며 지식을 구성하는' 방식으로 전환될 수 있음을 의미한다. 교육 설계 시에는 LLM의 이러한 맥락 인지적 대화 능력을 활용하여, 학습자의 불필요한 인지적 부하를 줄이고, 비판적 사고를 촉진하며, 복잡한 문제 해결 과정을 지원하는 시나리오를 개발하는 데 집중해야 한다(Wei et al., 2022). 물론 현재의 LLM 기술을 교육 쪽에서 적용하는 과정에서 해결하고자 하는 노력들도 경주되어야 한다. 할루시네이션(Hallucination)의 경우가 대표적인데, 생성형 인공지능이 그럴듯한 답변을 만들기 위해 대답을 하는 결과를 의미한다. 기존 배경 지식이 부족하거나, 정확한 지식 구조를 이해하는 데 어려움이 있는 학습자들이 생성형 인공지능의 정보를 무분별하게 수용할 가능성이 있다. 이는 근본적인 지식 습득(Knowledge acquisition)을 방해하고, 오히려 학습자들의 오개념 인식을 활성화시킬 수 있다. 이러한 AI의 본질적 한계는 교육자의 전문적 판단과 개입이 왜 필수적인지를 보여주며, 이는 이후 다룰 '인간 개입 루프(Human-in-the-Loop)'의 핵심 동기가 된다.

LLM을 활용한 적응형 학습 환경 구축 원리

LLM의 제약 사항과 별개로, LLM은 적응형 학습 환경을 구축하는 데서 여러 핵심 원리를 제공한다. 이에 대한 주요 개념을 설명하기 이전에, 적응형 학습 환경이란 무엇일까? 이에 대한 다양한 정의들이 있지만, 기본적으로 적응형 학습 환경은 개인 및 그룹 학습자들의 학습 수준 및 선호도를 관찰하고, 그들이 보다 주도적으로 학습에 참여할 수 있게 하는 학습 경험 및 과제를 안내하는 학습 설계 기법이다. 이는 학습 경험을 효과적으로 전달하기 위한 일련의 학습 과학 및 인지 과학 연구들에서 출발하는데, 인간의 학습은 기계가 정보를 저장, 처리하는 것과 달리 최적화가 중요하다. 이는 무조건적으로 학습 내용을 쉽게 만들어서 많이 제공하는 것이 아니라, 학습자들의 호기심, 관심사, 학습 동기 수준을 관찰해서 그들이 주도적으로 학습 과정에서 자연스럽게 나타나는 난이도에 맞닥뜨려 내재적 동기를 발휘하거나, 그 과정에서 자연스럽게 학습 과정에 참여하는 사이클을 의미한다. 이는 교육학에서의 기본 개념 중 하나인 scaffolding과 연결되는데, Wood 등(1976)이 제안한 비계 설정(scaffolding)과 Csikszentmihalyi(1990)의 몰입(flow) 이론을 통해 잘 이해할 수 있다. 이러한 최적화 곡선은 적응형 학습 환경의 설계에 대한 논리를 지탱하는 큰 축 중 하나다.

돌아가서, 적응형 학습 환경을 보다 효과적으로 설계하고 제어할 수 있는 LLM의 역할은 다음과 같다. 첫째, 개인화된 학습 경로 설정이다. LLM은 학습자의 학습 속도, 선호도, 이전 지식, 성과 데이터를 분석하여 개별화된 학습 경로를 생성할 수 있다. 기존의 학습분석학 이론 및 실제에서 많이 운용되는 연구 및 실천이다. 이는 학습자가 자신에게 최적화된 속도와 방식으로 학습할 수 있도록 돕는다. 하지만 기존 학습분석학은 학습자들의 학습 상태를 진단하는 것에 초점을 두었으나, 이를 어떻게 최적으로 학습 안내 및 경험을 제공해 줄 수 있을지에 대한 "전달"의 과정이 미진하였다. LLM을 통한 적응형 학습용 챗봇 설계 등은 이를 대표적으로 알려주는 예시로, 학생들의 학습 궤적을 챗봇 내에서 트래킹하고 이를 기억 및 저장해서 개인화된 학습 경로를 seamless하게 안내하는 데 특화되어 있다. 둘째, 실시간 피드백 및 조정 기능이다. LLM은 학습자의 반응과 상호작용을 실시간으로 분석하여 즉각적인 피드백을 제공하고, 필요에 따라 콘텐츠의 난이도나 제시 방식을 조정한다. 이러한 즉각적인 반응은 학습 효율성을 크게 향상시킨다. 다시 챗봇의 예제로 돌아가서, 학생들과의 대화 내용을 기록 및 이를 자연어 처리 기술을 통해 의미를 도출하고 도출된 의미를 알고리즘에 넣어 분석 후 그에 대응되는 피드백을 제공하는 방식이다. LLM의 발전은 다양한 프레임워크를 만들어 냈고, 개발자들은 인간 학습자의 다양한 응답 결과를 효과적으로 세분화된 데이터(fine-grained data) 단위로 전환하고 이를 미시적으로 조정하기 위한 역량을 발전시키고 있다. 셋째, 콘텐츠 동적 생성 능력이다. LLM은 학습자의 진행 상황과 요구에 따라 새로운 연습 문제, 시나리오, 설명 등을 동적으로 생성하여 학습 경험을 지속적으로 신선하고 도전적으로 유지한다. 이는 학습 자료의 다양성과 적합성을 보장한다. 자연어로 제공하는 프롬프트들에 따라서 이전에는 불가능으로 여겨졌던 다양한 시각적 표상 및 객체들을 구현하는 것이 가능해졌고, 특히 그라디언트 가우시안 접근법(Gradient Gaussian approach)으로 생성된 동적 3D 모형 및 객체(dynamic 3D models and objects)는 학습 경험을 언제나 생동감 있게 만들어 줄 수 있는 정보를 제공한다. 넷째, 정교한 학습자 모델링이다. LLM은 학습자의 행동 데이터를 기반으로 학습자의 강점, 약점, 학습 스타일, 동기 부여 수준 등을 파악하는 정교한 학습자 모델 구축이 가능해졌다. 이는 범용 LLM을 통해, 학습자들의 다양한 멀티모달 데이터들을 컴퓨터 알고리즘에서 이해하고 전산 처리하는 것이 가능해짐을 의미하며, 학습자 모델링은 이전에 이야기한 학습자 패턴 분석(군집 분석 및 프로파일 분석)을 통해서 시스템이 학습자에게 가장 적절한 지원과 콘텐츠를 제공하는 데 필수적인 기반이 된다 (e.g., Devlin et al., 2019; Raffel et al., 2020; Chowdhery et al., 2022; Kaplan et al., 2020).

학습자 특성 및 필요에 따른 학습 경험 설계 사례

LLM을 활용한 적응형 학습 경험 설계는 다양한 구체적인 사례를 통해 그 효과를 입증한다.

개별화된 문제 해결 시나리오: AI 기반 VR 시뮬레이션에서 학습자가 특정 과제에서 어려움을 겪을 경우, 시스템은 학습자의 반응을 분석하여 시나리오를 즉시 조정하고, 맞춤형 피드백이나 추가 연습 기회를 제공할 수 있다. 이는 학습자가 자신의 약점을 보완하고 기술을 숙달하는 데 집중할 수 있도록 돕는다.

언어 학습을 위한 AI 챗봇: LLM 기반 챗봇은 학습자의 언어 능력과 학습 목표에 맞춰 실제와 같은 대화 시나리오를 생성한다. 학습자는 챗봇과 자유롭게 대화하며 실시간으로 발음, 문법, 어휘 사용에 대한 피드백을 받을 수 있어, 언어 구사 능력을 효과적으로 향상시킬 수 있다.

맞춤형 교육 자료 생성: AI는 학생의 이해 수준에 따라 읽기 자료의 난이도를 조절하거나, 복잡한 개념을 설명하기 위해 다양한 시각 자료(이미지, 3D 모델)를 생성하여 제공할 수 있다. 이는 학습자의 인지적 부하를 줄이고 학습 효과를 높인다.

위험하거나 불가능한 시나리오 시뮬레이션: 의대생이 VR를 통해 위험 부담 없이 수술을 연습하거나, 조종사가 비행을 시뮬레이션하는 등 실제로는 위험하거나 비용이 많이 드는 상황을 안전하게 경험할 수 있도록 한다. AI는 이러한 시뮬레이션의 복잡성을 학습자의 진행 상황에 따라 동적으로 조정하여 최적의 훈련 경험을 제공한다.

몰입형 학습은 '감성적 충실도(Emotional Fidelity)'를 통해 현실적인 감정적 반응과 현존감을 유도하여 학습자의 동기 부여와 참여도를 높인다. LLM은 이러한 감성적 측면을 더욱 강화할 수 있다. 예를 들어, AI 튜터가 학습자의 좌절감을 감지하고 공감하는 반응을 보이거나, 학습자의 관심사에 맞춰 스토리텔링 기반의 학습 시나리오를 생성함으로써 , 학습 경험을 단순히 인지적인 것을 넘어 정서적으로도 풍부하게 만들 수 있다. 이러한 접근 방식은 학습에 대한 내재적 동기를 강화하고, 학습 지속성을 높이는 데 기여한다. LLM 기반 적응형 학습 시스템은 단순히 지식 전달의 효율성을 높이는 것을 넘어, 학습자의 정서적 상태를 고려하고 이에 반응함으로써 '학습의 즐거움'과 '자기 효능감'을 증진시키는 방향으로 발전해야 한다. 이는 학습자가 실패를 두려워하지 않고 실험하며 배울 수 있는 안전한 환경을 조성하고, 학습 과정을 긍정적인 경험으로 인식하게 하여 장기적인 학습 습관 형성에 기여할 수 있다.

참고문헌

Brown, T. B. et al.(2020). Language models are few-shot learners. *Advances in Neural Information Processing Systems, 33*, pp.1877~1901.

Bubeck, S. et al.(2023). Sparks of artificial general intelligence: Early experiments with GPT-4. arXiv:2303.12712.

Chowdhery, A. et al.(2022). PaLM: Scaling language modeling with pathways. arXiv:2204.02311.

Csikszentmihalyi, M.(1990). *Flow: The psychology of optimal experience*. Harper & Row.

Devlin, J. et al.(2019). BERT: Pre-training of deep bidirectional transformers for language understanding. *Proceedings of the 2019 Conference of the NAACL-HLT*, pp.4171~4186.

Kaplan, J. et al.(2020). Scaling laws for neural language models. arXiv:2001.08361.

OpenAI(2023). ChatGPT(Mar 14 Version)[Large Language Model]. https://chat.openai.com/

Radford, A. et al.(2019). Language models are unsupervised multitask learners. OpenAI Blog.

Raffel, C. et al.(2020). Exploring the limits of transfer learning with a unified text-to-text transformer. *Journal of Machine*

Learning Research, 21(1), 140, pp.5485~5551.
Vaswani, A. et al.(2017). Attention is all you need. *Advances in Neural Information Processing Systems, 30.*
Wei, J. et al.(2022). Chain-of-thought prompting elicits reasoning in large language models. *Advances in Neural Information Processing Systems, 35*, pp.24824~24837.
Wood, D. et al.(1976). The role of tutoring in problem solving. *Journal of Child Psychology and Psychiatry, 17*(2), pp.89~100.

03
확장 현실 기술을 활용한 몰입 학습 촉진

VR, AR, MR 등 확장 현실(XR) 기술이 교육 현장에서 어떻게 몰입 학습을 촉진하고 적응형 학습 환경을 지원하는지 최신 사례와 이점을 중심으로 분석한다. 특히 몰입(Immersion)과 현존감(Presence)의 개념을 명확히 구분하고, 이들이 학습에 미치는 영향을 심도 있게 다룬다. 그리고 심리적 관점에서의 분석 외에도, 이를 촉진하기 위한 교수 설계자 및 개발자들의 상호작용성(interactivity)의 관심을 환기하고자 한다.

인공지능과 편향?

몰입형 기술의 교육 현장 최신 구현 사례 분석

몰입형 확장 현실 기술은 다양한 교육 분야에서 혁신적인 학습 경험을 제공하며 그 잠재력을 입증하고 있다.

직업 훈련 및 기술 습득

의료 분야: 의대생은 VR를 통해 실제 수술 절차를 위험 부담 없이 연습할 수 있으며, 이는 실제 수술 수행의 정확성과 속도 향상으로 이어진다. 여기에서의 몰입형 기술은 전체적인 몰입 경험도 중요하지만, 각 술기 과정에서 필요한 스텝을 "정확하게" 이해하고, 그를 정교하게 시연하는 것이 주요한 학습 목표가 된다.

기업 교육: 버라이즌(Verizon)은 몰입형 학습 프로그램을 통해 소매점 직원들이 실제 문제 및 비상 상황에 더 잘 대비할 수 있다고 보고했다. 월마트(Walmart)는 VR 훈련으로 새로운 절차 교육 시간을 단축하며 기존 교실 학습보다 우수한 성과를 보였다. 루프트한자 항공사는 Meta Quest Pro를 교육에 도입하여 전시 비용을 절감하고 전 세계 직원 및 파트너에게 확장 가능한 교육을 제공했다. 기본적으로 문제 해결은 인간의 의사 결정 과정을 얼마나 매끄럽고 정교하게 할 수 있느냐에서 그 결과가 달라진다. 몰입형 기술은 이 관점에서 직원들이 앞으로

벌어질 수 있는 문제 상황의 복잡도를 얼마나 충분히 이해 및 기대할 수 있느냐에 초점을 두고 있다. 레이브와 웽거(Lave & Wenger, 1991)가 제안한 상황 학습(situated learning)의 관점에 따라, 몰입형 학습 환경은 복합적인 문제 해결 상황을 진정성 있는(authentic) 시점에서 보여주는 것이 중요하다.

위험 상황 훈련: 화재나 유출과 같은 비상 상황을 VR로 시뮬레이션하여 학습자가 실제 사건에서 안전 프로토콜을 효과적으로 이해하고 적용할 수 있도록 돕는다. 이는 위험할 뿐만 아니라 비용이 많이 드는 실제 훈련의 대안이 된다. 문제 해결을 위한 교수 설계를 제안한 반 메리엔보르(van Merriënboer)는 4C/ID 모형을 통해서 위급 상황에서 활용하는 의사 결정 훈련용 시스템의 교수 설계를 어떻게 해야 하는지를 제언했다. 특히 위험하지만 비반복적인 작업에 대한 VR를 통한 훈련용 환경 설계에 대해 주목했는데, 이를 위한 설계 및 정보 제공의 요소로서 지원 정보를 제공했다. 이 지원 정보는 비반복적 태스크(nonrecurrent tasks)의 문제 해결 측면을 지원하기 위해 개념적 모델, 인지 전략, 그리고 인지 피드백을 포함하며, 학습자가 복잡한 비상 상황에서 유연한 의사 결정을 내릴 수 있도록 돕는다. 이러한 접근은 가상

현실 시뮬레이션에서 전체 작업 연습을 강조하여 학습 전이(learning transfer)를 촉진하며, 실제 의료(medical)나 안전 훈련(safety training) 분야에서 효과적으로 적용될 수 있다(van Merriënboer & Kirschner, 2018).

생활 기술 및 특수 교육

자폐 스펙트럼 장애를 가진 성인들을 대상으로 한 직업 및 일상생활 기술 훈련 프로그램인 버추오소 프로젝트(Virtuoso Project)는 조지아 대학교의 매튜 스미트(Matthew Schmidt) 교수가 주도적으로 개발한 혁신적인 이니셔티브다. 이 프로그램은 몰입형 VR 기술을 활용하여 대중교통 이용, 일상적 사회 상호작용, 그리고 기타 필수적인 적응 기술을 체계적으로 가르친다. 연구 결과에 따르면, 참가자들은 가상 환경에서의 반복 연습을 통해 과제 수행 능력이 현저히 향상되었으며, 실제 환경으로의 전이 효과로 인해 장소와 사물 인식에 대한 자기 효능감이 증가하고 독립성이 높아졌다. 이는 자폐 성인들이 사회적 · 직업적 도전을 극복하는 데 실질적인 도움을 제공하며, 전통적인 훈련 방법의 한계를 넘어선 접근으로 평가받고 있다(Schmidt et al., 2021).

뇌성 시각 장애(Cerebral Visual Impairment, CVI) 시

뮬레이션은 스코틀랜드의 세인트 앤드루스 대학교(St. Andrews University)에서 개발된 교육 도구로, CVI 환자들이 경험하는 시각적 왜곡과 인지적 어려움을 가상 현실을 통해 재현하였다. 이 프로그램은 부모, 교사, 의료 전문가들이 환자의 관점에서 세상을 바라보도록 함으로써 공감 능력을 강화하고, CVI의 복잡성을 깊이 이해할 수 있게 돕는다. 실제 적용 사례에서 이 시뮬레이션은 교실 환경의 재설계나 일상 지원 전략 개선과 같은 구체적인 변화를 유도하였으며, 궁극적으로 CVI를 가진 개인들의 학습과 생활 환경을 더 포용적으로 만드는 데 기여했다. 이러한 접근은 시각 장애 교육의 패러다임을 전환하는 중요한 역할을 하고 있다(McKillop & Dutton, 2020).

문화 유산 및 역사 교육

TimeSpan-Living in the Digital Heritage Age 프로젝트는 유산 및 예술 기관에서 주도하는 디지털 재구성 이니셔티브로, 역사적 경관과 유물을 3D 모델링과 몰입형 VR 경험을 통해 생생하게 재현한다. 이 프로그램은 과거의 문화적 요소를 현대적 맥락과 연결 지음으로써 학습자들이 시간적 · 공간적 한계를 초월한 탐구를 가능하게 하며, 비판적 사고와 역사적 통찰력을 강화한다. 예를 들어, 고대 유적지나 사라진 건축물을 가상으로 복원하여 사용자들이 직접 탐험할 수 있도록 함으로써, 전통적인 교과서 중심의 역사 교육을 넘어 몰입형 학습을 촉진하고 있다. 이는 문화 유산 보존과 교육의 새로운 지평을 열어주는 사례로, 디지털 기술이 역사적 가치를 어떻게 증폭시키는지를 보여준다(Economou & Tost, 2017).

고등 교육 및 캠퍼스 경험

올드 도미니언 대학교(Old Dominion University)의 디지털 트윈 및 메타버시티(Metaversity) 이니셔티브는 대학 캠퍼스의 물리적 구조를 가상 환경에 정밀하게 복제한 '디지털 트윈'을 기반으로 한 혁신적인 플랫폼이다. 이 시스템은 가상 투어, 실시간 시뮬레이션, 그리고 협업 기반 실습을 제공하여 학생들의 교육 경험을 다각화하고 풍부하게 한다. 예를 들어, 원격 학습자들이 실제 캠퍼스를 방문하지 않고도 강의실, 연구실, 그리고 사회적 공간을 탐험할 수 있으며, 이는 접근성 장애를 해소하고 글로벌 교육 기회를 확대하고 있다. 또한 메타버시티의 독창적인 가상 공간은 창의적 학습 활동을 지원하여 전통적 캠퍼스 모델의 한계를 넘어선 미래 지향적 교육 환경을 제시하고 있다(Fowler, 2015; Radianti et al., 2020).

몰입형 기술의 교육적 적용 사례들을 종합적으로 분석해 보면 의료 수술 훈련, 비상 상황 안전 훈련, 고가 장비 조작 훈련, 또는 실제 접근이 제한된 역사적 · 문화적 공간 탐험 등 다양한 분야에서 공통적인 패턴이 관찰된다. 이러한 사례들은 실제 환경에서 수행하기 '위험하거나(Dangerous), 비용이 많이 들거나(Expensive), 불가능하거나(Impossible), 비생산적인(Counterproductive)' (DICE) 시나리오에 대한 효과적인 해결책을 제시하고 있다. DICE 프레임워크는 몰입형 기술이 교육의 구조적 한계를 극복하는 전략적 수단임을 강조한다. 그러나 이러한 기술의 높은 비용과 노력을 정당화하기 위해서는, 그것이 실제로 학습을 촉진했다는 명확한 '증거'를 어떻게 수집하고 제시할 것인가라는 중요한 과제가 남는다. 따라서 몰입형 학습 환경을 설계할 때는 기술의 최신 트렌드를 맹목적으로 추구하기보다는, 현장의 구체적인 학습 요구를 철저히 분석하고 DICE 요소에 맞춘 맞춤형 경험을 우선시해야 한다. 이 과정은 교육의 효율성과 안전성을 최적화할 뿐만 아니라, 사회적 · 경제적 배경에 상관없는 교육 기회의 평등성을 강화하여 장기적인 사회적 가치를 창출할 수 있다.

적응형 학습 환경 지원 방법 및 이점

몰입형 기술은 적응형 학습 환경을 지원하며 다양한 교육적 이점을 제공한다.

참여도 및 유지율 향상

몰입형 학습 환경은 학습자의 주의를 사로잡아 정보에 집중하고 주어진 학습 환경에 잘 참여하게 만든다. 학습자는 VR에서 정보를 더 잘 기억하는데, 이는 실제와 같다고 느끼기 때문에 정보가 중요하다고 뇌에 알려주고, 훈련을 훨씬 더 자주 반복할 수 있기 때문이다. 또한 가상 환경에서 주어지는 정보 자극은 실제와 유사한 상황을 재현하여 만들기 때문에, 학습자들로 하여금 본인이 가지고 있던 기존 경험 및 개념들과 연결하도록 돕는다.

실제 적용 및 기술 숙달

시뮬레이션 기반 훈련을 통해 학습자는 통제된 환경에서 실제 시나리오를 연습하고 기술을 개발할 수 있다. 이를 통해 습득한 지식과 기술을 실제 업무에 효과적으로 적용할 수 있게 된다. 가상 현실에서 제공되는 학습 환경은 학습자들에 가장 이상적으로 수행해야 하는 과제 수행 능력에 맞춰서 학습자들의 행동을 안내하도록 설계한다. 이는 실전 환경에서 학습자들이 필요한 다양한 맥락 정보를 익히고 이를 효과/효율적으로 목표 행동에 다다르게 하는 데 유용하다.

안전한 환경에서의 실수

몰입형 학습 방법은 직원들이 실제 결과 없이 고위험 작업을 연습할 수 있는 안전한 환경을 제공한다. 이는 특히 위험한 상황에 대비해야 하는 안전 훈련에 유용하며, 학습자가 실험하고 실수를 통해 문제 해결 능력과 비판적 사고를 향상시킬 수 있도록 돕는다. 여기서의 위험은 단순히 생명에 영향을 주는 요소의 관점에서만 해석되지 않는다. 한 개인의 행동이 다른 사람과의 상호작용에서 "되돌리기 어려운" 결과를 초래하는 다양한 상황을 의미한다. 예를 들어, 자폐성 장애가 있는 학생들의 사회적 상호작용 기술을 훈련하는 경우다. 자폐성 장애를 가진 사람들은 간단한 사회적 신호/단서를 이해하고 이를 잘 응대하는데 어려움을 겪는데, 현실 세계에서는 이를 연습할 수 있는 기회가 잘 제공되지 않는다.

신경학적 참여 및 기억력 향상

VR는 시각 정보, 공간 지향, 감정 반응을 처리하는 뇌의 여러 영역을 동시에 자극한다. 이러한 다감각적 참여는 더 강력한 신경 연결을 생성하여 기억력과 회상을 향상시킨다.

접근성 및 비용 효율성

VR 훈련 시나리오는 여러 장치에서 접근할 수 있어 실제 상황이 항상 이상적인 조건을 기다리지 않기 때문에 중요하며, 실제 상황을 재현하는 데 드는 비용과 위험을 줄여 비용 효율적이다. 물리적 훈련 장소를 실제 수준에 맞춰 구성하는 과정은 매우 많은 물적, 시간적 비용을 초래한다. 또한 복합적 과제 및 문제 해결을 요구하는 과제일수록 과제 시나리오가 다각화되어야 하는데, 현실에서 이를 즉각적으로 구현하기 쉽지 않다. 이러한 이유로, 가상 현실을 활용해서 다양한 환경을 즉각적이고 적응적으로 설계하는 것은 효율적 훈련 및 학습을 위해서 중요한 의사 결정 요소다.

몰입형 학습은 종종 '행동을 통한 학습'으로 제시되며, 이는 더 나은 학습 결과와 더 많은 감정적 참여로 이어진다. VR는 뇌의 여러 영역을 동시에 자극하여 '경험적 기억'을 형성하고, 이는 정보를 더 잘 기억하고 회상하는 데 기여한다. 또한 가상 상호작용이 뇌의 동일한 신경 경로를 활성화하여 물리적 세계를 모방한다는 '지각적 충실도(Perceptual Fidelity)' 원리는 가상 환경에서 습득한 기술과 지식이 실제 세계로 효과적으로 전이될 수 있음을 시사한다. 이러한 특성은 몰입형 학습 환경이 단순한 지식 습득을 넘어, 실제 상황에서의 문제 해결 능력과 의사 결정 능력을 향상시키는 '전이 학습'에 매우 효과적임을 의미한다. 이는 특히 직업 훈련, 의료 교육, 안전 교육 등 실습과 경험이 중요한 분야에서 몰입형 기술의 가치를 극대화할 수 있다. 교육 설계 시에는 가상 경험의 '지각적 충실도'와 '감성적 충실도'를 높여, 학습자가 가상 환경에서의 학습을 실제 경험처럼 내면화하고, 이를 실제 상황에 적용할 수 있도록 지원하는 데 주력해야 한다.

몰입, 실재감의 개념과 VR가 학습에 미치는 영향

몰입형 학습의 효과를 이해하기 위해서는 '몰입'과 '현존감'의 개념을 명확히 구분하는 것이 중요하다. 몰입은 주로 사용되는 장치의 객관적인 기술적 속성을 의미한다. 이는 기술 시스템이 시각, 청각 등 감각 양식을 포함하여 "실제 생활 경험"에 최대한 가까운 경험을 제공하는 정도를 나타낸다. VR는 사용자의 시야를 완전히 덮는 헤드셋을 사용하여 360도 시야의 시뮬레이션된 세계를 제공함으로써 완전히 몰입하는 디지털 환경을 만든다. 반면, 실재감은 가상 경험에 대한 인간의 주관적인 인식을 의미하며, "몰입에 대한 인간의 반응"으로 설명된다. 이는 일반적으로 "그곳에 있는" 느낌으로 묘사되며, 주관적인 심리적 구성 요소다.

VR가 학습에 미치는 영향에 대한 연구 결과는 그 결과의 양상이 다양하다. 이론적으로는 몰입형 VR가 몰입 수준 증가를 통해 참여와 동기를 촉진하고, 결과적으로 학습 자료의 더 나은 인지 처리를 유도할 수 있다고 제안되었다. VR 학습은 현실적인 감정적 반응을 유도하는 실재감을 불러일으키기도 한다.

그러나 실제 연구에서는 이질적인 결과가 보고되었다. 로지셰티(Logishetty) 등(2019)은 VR로 훈련받은 외과 의사들이 표준 훈련을 받은 의사들보다 수술 절차 수행에 더 정확하고 빨랐다고 보고했으며, 두보비(Dubovi) 등(2017)은 VR 훈련이 개념-절차적 학습을 촉진한다는 것을 발견했다. 반면, 다른 연구에서는 VR 사용과 학습 사이에 부정적이거나 상관관계가 없음을 발견하기도 했다. 마크란스키(Makransky) 등(2019)은 몰입형 VR가 전통적인 학습에 비해 매체의 인지적 요구가 높기 때문에 학습을 향상시키지 못할 수도 있다고 제안했다. 베일리(Bailey) 등(2012)은 인간이 가상 세계를 동시에 탐색하고 인지할 때 관련 작업에 할당할 수 있는 인지 자원이 제한적일 수 있다고 지적했다.

그럼에도 불구하고, 현존감과 수행 지표 사이에 연관성이 있다는 연구 결과가 있다. 한 연구에서는 2D 비디오와 VR 훈련 그룹 간 작업 수행에 유의미한 차이가 없었지만, VR 훈련에서 더 높은 현존감을 경험한 참가자들이 실제 작업에서 더 나은 점수를 받았다는 연관성을 발견했다. 이는 현존감 증가가 기술 학습을 증진하는 데 기여할 수 있음을 시사한다.

이는 몰입(객관적 기술 속성)과 현존감(주관적 심리 반응)을 명확히 구분한다. 흥미롭게도, 기술적 몰입도가 높다고 해서 반드시 학습 효과가 비례적으로 증가하는 것은 아니며, 때로는 인지 부하를 높일 수도 있다는 연구 결과도 있다. 그러나 '현존감'이 높을수록 학습 수행이 향상된다는 증거는, 기술 자체의 스펙을 넘어 학습자가 '진정으로 그곳에 있다고 느끼는' 심리적 경험이 학습 효과의 핵심임을 시사한다. 이는 심리적 충실성(psychological fidelity)과 연결된다. 따라서 몰입형 학습 환경을 설계할 때, 단순히 최첨단 VR 장비를 도입하여 '기술적 몰입'을 높이는 것만이 능사가 아니다. 오히려 학습자가 가상 환경에 '심리적 현존감'을 느끼도록 유도하는 디자인 요소(예: 상호작용성, 현실적인 시나리오, 감정적 단서)에 더 큰 비중을 두어야 한다. 이는 불필요한 인지 부하를 줄이면서도 학습자의 참여와 동기를 극대화하여 실제 학습 결과로 이어지게 하는 데 중요하다. 즉, 기술은 수단이며, 학습자의 '경험'을 중심으로 설계하는 것이 핵심이다. 이는 몰입형 기술을 잘 활용하고자 하는 교수 설계자들에게 핵심적인 권고 사항으로 여겨진다. 몰입만을 고도화하는 것보다는 비용 대비 어떻게 학습자들의 주된 학습 경험을 촉진할 것인가, 그 학습 경험이 "지각" 이상으로 의미 있게 사유될 있는 것인가에 더욱 초점을 두어야 한다.

참고문헌

Bailey, J. O. et al.(2014). The impact of vivid messages on reducing energy consumption related to hot water use. *Environment and Behavior, 47*(5), pp.570~592.

Dubovi, I. et al.(2017). Now I know how! The learning process of medication administration among nursing students with non-immersive desktop virtual reality simulation. *Computers & Education, 113*, pp.16~27.

Economou, D., & Tost, L. P. (2007). Educational tool or expensive toy? Evaluating VR evaluation and its relevance for virtual heritage. In Kalay, Y. et al.(eds.). *New Heritage: New Media and Cultural Heritage*, pp.242~260. Routledge.

Fowler, C. (2015). Virtual reality and learning: Where is the pedagogy?. *British Journal of Educational Technology, 46(2)*, pp.412~422.

Lave, J. & Wenger, E.(1991). *Situated learning: Legitimate peripheral participation*. Cambridge University Press.

Logishetty, K., Rudran, B., & Cobb, J. P. (2019). Virtual reality training improves trainee performance in total hip arthroplasty: a randomized controlled trial. *The Bone & Joint Journal, 101(12)*, pp.1585-1592.

Makransky, G. et al.(2019). Adding immersive virtual reality to a science lab simulation causes more presence but less learning. *Learning and Instruction, 60*, pp.225~236.

Radianti, J. et al.(2020). A systematic review of immersive virtual reality applications for higher education: Design elements, lessons learned, and research agenda. *Computers & Education, 147*, 103778.

Schmidt, M., Beck, D., Glaser, N., & Schmidt, C. (2017, June). A prototype immersive, multi-user 3D virtual learning environment for individuals with autism to learn social and life skills: a virtuoso DBR update. In International Conference on Immersive Learning (pp.185~188). Cham: Springer International Publishing.

van Merriënboer, J. J. G. & Kirschner, P. A.(2018). *Ten steps to complex learning: A systematic approach to four-component instructional design(3rd ed.)*. Routledge.

04

생성형 AI를 통한 적응형 학습 콘텐츠 자동화

생성형 AI가 몰입형 학습 환경의 콘텐츠 생성 문제를 해결하는 방식을 최신 연구 동향과 연결하여 분석했다. 학습자 데이터에 기반해 3D 모델, 가상 환경, 상호작용 시나리오를 자동 생성하는 기술적 원리를 탐구하고, 그 결과물의 과학적 정합성과 교육적 효과를 담보하기 위한 인간-AI 협력 모델을 구체적 연구 사례와 함께 제시했다.

청각장애인과 AI?

생성형 AI의 학습 콘텐츠 자동 생성 원리

생성형 AI의 발전은 트랜스포머 아키텍처(Transformer Architecture)와 이를 기반으로 한 대규모 언어 모델(LLM)의 등장이 결정적이었다. 특히 어텐션 메커니즘(Attention Mechanism)은 AI가 데이터 시퀀스 내의 문맥적 중요도를 스스로 학습하게 만들어, 인간의 언어와 유사한 수준의 일관성 및 창의성을 갖춘 콘텐츠 생성을 가능하게 했다(Vaswani et al., 2017, "Attention Is All You Need"). 주요 생성형 AI 모델 유형에는 다음과 같은 것들이 있다.

변이형 오토인코더(Variational Autoencoders, VAEs)는 2013년에 처음 제안되어 원본 데이터를 단순히 복제하는 것이 아니라, 데이터의 핵심적인 특징을 학습하여 그럴듯한 '변형'들을 생성해 내는 데 특화된 모델이다. VAE는 데이터를 압축하는 인코더(Encoder)와 압축된 데이터를 다시 복원하는 디코더(Decoder)로 구성된다. 인코더는 입력된 데이터(예: 고양이 이미지)를 받아 저차원의 잠재 공간(Latent Space)으로 압축한다. 여기서 일반적인 오토인코더와 결정적인 차이가 발생한다. 일반 오토인코더가 데이터를 하나의 고정된 점(벡터)으로 압축하는 반면, VAE는 데이터가 존재할 만한 '확률적 분포(Probabilistic Distribution)'로 압축한다. 즉, '이 고양이의 특징은 정확히 이 지점이야'가 아니라, '이 고양이의 특징은 평균이 여기고, 이 정도의 표준편차를 가진 영역 내에 존재해'라고 표현하는 것이다. 이 확률 분포(주로 가우시안 분포) 내에서 무작위로 하나의 점(잠재 변수 벡터)을 '샘플링'한다. 이 무작위성 때문에 VAE는 매번 미세하게 다른 결과물을 생성할 수 있다. 디코더는 샘플링된 잠재 변수 벡터를 입력으로 받아, 원래의 고양이 이미지와 유사한 새로운 이미지를 생성(복원)한다. VAE의 핵심 특징은 하나의 입력에 대해 무한히 많은 변형(Variation)을 생성할 수 있다는 점이다. 이는 정해진 답이 없는 창의적 활동이나 다양한 가능성을 탐색하는 학습에 매우 유용하다. VAE의 잠재 공간은 연속적(Continuous)이어서, 한 특징에서 다른 특징으로 점진적으로 변화하는 콘텐츠를 만들 수 있다. 예를 들어 '웃는 얼굴'의 잠재 벡터와 '무표정한 얼굴'의 잠재 벡터 사이를 보간(Interpolation)하면, 표정이 서서히 변하는 애니메이션을 생성할 수 있다. 예를 들어, 학생이 그린 스케치를 입력하면, VAE가 이를 기반으로 수십 가지의 서로 다른 채색 스타일이나 구도를 가진 완성된 그림을 제안해 줄 수 있다. 학생은 이를 통해 자신의 아이디어가 어떻게 다르게 발전할 수 있는지 탐색하며 창의성을 확장할 수 있다(Kingma & Welling, 2013).

확산 모델(Diffusion Models)은 2014년에 개념이 등장하고 2020년 이후 본격적으로 주목받기 시작한 확산 모델은, 현재 이미지 생성 분야에서 가장 높은 품질의 결과물을 만들어 내는 핵심 기술 중 하나로 자리 잡았다. 확산 모델의 원리는 '파괴 후 복원'이라는 직관적인 아이디어에 기반한다. 두 가지의 과정을 거치는데, 첫째로 순방향 과정(Forward Process-파괴)에서는 원본 이미지(예: 풍경 사진)에 아주 미세한 가우시안 노이즈를 반복적으로 추가한다. 이 과정을 수백, 수천 번 거치면 이미지는 점차 형태를 잃고, 최종적으로는 완전한 무작위 노이즈(정규 분포 노이즈)와 구별할 수 없게 된다. 이 과정은 모델이 학습할 필요 없이 수학적으로 정해져 있다. 둘째, 역방향 과정(Reverse Process-복원)은 모델이 실제로 학습하는 단계다. 모델은 노이즈가 낀 이미지에서 '어떤 노이즈가 추가되었는지'를 예측하고, 그 노이즈를 제거하여 한 단계 전의 깨끗한 이미지로 되돌리는 방법을 배운다. 이 과정을 완전한 노이즈 상태에서부터 거꾸로 반복하면, 점차 노이즈가 걷히면서 새로운 풍경 이미지가 생성된다. 프롬프트(예: "눈 덮인 산과 얼어붙은 호

수")는 이 노이즈 제거 과정에서 모델이 가야 할 방향을 알려주는 가이드 역할을 한다. 이러한 기술로 생성된 이미지의 디테일과 사실성이 매우 뛰어나, 실제 사진과 구별하기 어려울 정도의 고품질 콘텐츠 생성에 강점을 가진다. 예를 들어, 교육 쪽에서는 "18세기 파리의 살롱에서 토론하는 계몽주의 철학자들"이라는 텍스트 프롬프트를 입력하면, 확산 모델은 당시의 의복, 가구, 분위기를 사실적으로 재현한 고화질 이미지를 생성할 수 있다. 학생들은 이 시각 자료를 통해 텍스트로만 배우던 역사적 장면을 생생하게 체험하고 몰입도를 높일 수 있게 된다. 과학 교육에 적용해보면, "초신성 폭발 직후의 성운 모습"이나 "백악기 시대의 티라노사우루스가 있는 숲"과 같이 실제로 촬영이 불가능한 장면을 과학적 사실에 기반하여 시각화함으로써 학생들이 추상적인 개념을 구체적으로 이해하도록 도울 수도 있다(Sohl-Dickstein et al., 2015).

2017년 구글 연구팀이 발표한 논문 "Attention Is All You Need"에서 처음 소개된 트랜스포머는 순차적인 데이터 처리의 한계를 극복하고 병렬 처리를 가능하게 하여 자연어 처리(NLP) 분야에 혁명을 일으켰다. 현재는 텍스트를 넘어 이미지, 비디오, 오디오, 3D 데이터 등 모든 종류의 시퀀스 데이터 처리에 사용되는 범용 아키텍처가 되었다. 트랜스포머의 핵심은 '셀프 어텐션(Self-Attention)' 메커니즘이다. 기존의 RNN이나 LSTM 모델은 문장의 단어를 처음부터 순서대로 하나씩 처리했다. 이는 문장이 길어질수록 앞부분의 정보를 잊어버리는 '장기 의존성 문제'가 있었다. 트랜스포머는 문장의 모든 단어를 한 번에 입력받아 동시에 처리한다. '셀프 어텐션'은 문장 내의 한 단어가 다른 모든 단어와 얼마나 중요한 관계를 맺고 있는지를 계산하는 과정이다. 예를 들어 "그 동물이 길을 건너다가 지쳤다. 왜냐하면 그것은 너무 무거웠기 때문이다"라는 문장에서, '그것(it)'이 '동물(animal)'을 가리킨다는 것을 파악하는 능력이다. 모델은 각 단어에 대해 쿼리(Query, 질문), 키(Key, 열쇠), 밸류(Value, 값)라는 세 가지 벡터를 생성한다. 특정 단어의 쿼리 벡터를 다른 모든 단어의 키 벡터와 비교하여 '어텐션 점수(Attention Score)'를 계산하고, 이 점수를 가중치로 삼아 다른 단어들의 밸류 벡터를 종합한다. 이를 통해 각 단어는 문장 전체의 문맥을 풍부하게 담은 새로운 표현으로 변환된다. 대규모 데이터 세트를 효율적으로 병렬 처리할 수 있어, GPT-4와 같은 초거대 모델의 기반이 되었다. 특히 이 기술은 다중 양식의 모드(Multimodal) 적용이 가능해서 텍스트뿐만 아니라 이미지를 패치(patch) 단위로 나누거나, 3D 모델을 점(point)의 집합으로 간주하여 시퀀스 데이터로 변환함으로써 다양한 유형의 콘텐츠 생성에 적용되고 있다. 코딩 교육에서는 학생이 작성한 코드의 전체적인 구조와 문맥을 파악하여, 단순히 문법 오류를 지적하는 것을 넘어 "이 함수는 다른 모듈의 이 부분과 충돌할 가능성이 있습니다"와 같이 논리적 오류나 비효율적인 부분을 찾아 피드백을 제안하는 시스템을 구축할 수 있으며, 이외에도 몰입형 시나리오 생성이 가능해져서, "소방관이 되어 초기 화재를 진압하는 시나리오"를 요청하면, 트랜스포머는 화재의 확산 과정, 동료와의 무전 내용, 돌발 상황(예: 가스 누출) 등을 시간 순서에 따라 논리적으로 일관된 시나리오 스크립트와 가상 캐릭터의 대사를 자동으로 생성하여, 학습자가 실제와 같은 환경에서 문제 해결 능력을 기를 수 있는 훈련 자료 생성이 가능하다.

생성형 AI의 콘텐츠 생성 과정은 일반적으로 세 단계를 거쳐 작동한다. 첫째, 훈련(Training) 단계에서는 기반 모델(Foundation Model)을 생성한다. 둘째, 튜닝(Tuning) 단계에서는 생성된 모델을 특정 애플리케이션에 맞게 조정한다. 마지막으로, 생성, 평가 및 재튜닝

(Generation, Evaluation, and More Tuning) 단계를 통해 콘텐츠의 정확도를 지속적으로 향상시킨다. 생성형 AI는 단순히 기존 콘텐츠를 재조합하는 것이 아니라 '새롭고 독창적인' 콘텐츠를 만들어 낼 수 있다. 이는 학습 콘텐츠의 '다양성'을 무한히 확장할 수 있음을 의미한다. 또한 '로 코드(low code) 도구'와 '텍스트-투-신 생성(text to scene generation)'과 같은 기술은 비기술 전문가도 몰입형 학습 경험을 구축할 수 있게 하여 콘텐츠 생성의 '민주화'를 이끌고, 결과적으로 학습 콘텐츠의 '확장성'을 비약적으로 높인다. 이러한 특성은 생성형 AI가 '콘텐츠 부족'이라는 몰입형 학습의 주요 한계점 중 하나를 해결할 수 있는 열쇠임을 보여준다. 이는 교육자가 더 이상 정해진 교재에 얽매이지 않고, 학습자의 개별적인 호기심과 학습 속도에 맞춰 실시간으로 맞춤형 콘텐츠를 생성하고 제공할 수 있는 새로운 교육 패러다임을 가능하게 한다. 따라서 교육 시스템은 생성형 AI를 활용하여 콘텐츠 제작의 효율성을 높이고, 학습자 중심의 맞춤형 콘텐츠 라이브러리를 구축하는 전략을 모색해야 한다(e.g., Kerbl et al., 2023). 물론 이렇게 생성된 정보를 할루시네이션 이슈 없이 출처가 분명한 내용으로 학습 자료를 구성하도록 연결하는 데에는 다양한 논박이 있다.

학습자 요구 및 목표에 따른 적응적 콘텐츠 생성 방법

생성형 AI의 교육적 활용 가치는 단순히 콘텐츠를 만드는 것을 넘어, 학습자 개개인의 고유한 특성과 실시간 요구에 동적으로 반응하여 최적화된 학습 경험을 설계하는 데 있다. 이는 학습자를 수동적인 정보 수용자에서 능동적인 지식 구성의 주체로 변화시키는 핵심 기제다. 본 절에서는 개인화된 학습 경로 설계부터 상황 인지 기반의 실시간 적응, 그리고 교사와의 협업 시스템 구축에 이르기까지 구체적인 방법론을 심층적으로 검토한다.

모든 학습자는 고유한 지식 배경, 학습 속도, 인지적 강점과 약점을 가지고 있다. 획일적인 교육 과정은 누군가에게는 너무 쉽고 지루하며, 다른 누군가에게는 너무 어려워 좌절감을 안겨줄 수 있다. 생성형 AI는 이러한 개인차를 극복하기 위해 학습자 데이터를 기반으로 미세 조정된 학습 경로(Micro-Personalized LearningPath)를 동적으로 구축하고, 과제의 난이도를 실시간으로 조절한다. 이와 같은 설계에는 근접 발달 영역(ZPD)과 몰입 이론의 적용이 깔려 있다. 첫째, ZPD(Zone of Proximal Development): 비고츠키(Vygotsky)가 제안한 개념으로, 학습자가 독립적으로 해결할 수 있는 수준과 성인의 안내나 유능한 또래의 도움으로 해결할 수 있는 수준 사이의 영역을 의미한다. AI는 학습자의 현재 성취도를 정확히 파악하여, ZPD 내에서 약간의 도전감을 주는 과제를 지속적으로 제시함으로써 가장 효율적인 학습을 유도한다. 둘째, 몰입 이론(Flow Theory)이다. 칙센트미하이(Csikszentmihalyi)가 제시한 이론으로, 개인의 실력과 과제의 난이도가 최적의 균형을 이룰 때 깊은 몰입과 만족감을 경험한다는 것이다. AI는 학습자의 수행 능력을 실시간으로 모니터링하며 난이도를 조절함으로써, 학습자가 지루함이나 불안감을 느끼지 않고 학습 활동 자체에 완전히 몰입할 수 있는 상태를 유지하도록 돕는다(Vygotsky, 1978; Csikszentmihalyi, 1990).

구체적인 예를 들어, 중학생 A가 AI 기반 학습 플랫폼에서 '일차 방정식' 단원을 학습하는 상황을 가정해 보자. A학생은 단원 시작 전 간단한 진단 평가를 통해 '정수와 유리수의 사칙 연산' 개념이 약하다는 것을 시스템이 파악한다. 시스템은 본 학습에 앞서, 해당 개념을 복습할 수 있는 AI 생성 보충 문제와 짧은 개념 설명 영상을 자동으로 추천한다. A학생이 '이항(Transposition)'의 개념을 빠르게 습득하고 관련 퀴즈에서 높은 정답률을 보인다. AI는 이 패턴을 긍정적으로 평가하고 다음 단계인 '계수가 분수 또는 소수인 복잡한 방정식'으로 신속하게 넘어간다. 이때 A학생이 '괄호가 있는 복잡한 방정식' 문제에서 연속적으로 실수를 범한다. AI는 이를 '분배법칙 적용의 어려움'으로 진단하고 즉시 개입한다. 개입의 방법은 다양하다. "괄호를 먼저 푸는 것을 잊지 마세요!"와 같은 간단한 텍스트 힌트를 제공할 수 있다. 혹은 학생이 여전히 어려움을 겪자, AI는 원래의 복잡한 문제를 '1단계: 괄호 풀기', '2단계: 동류항 정리하기', '3단계: x의 값 구하기'와 같이 더 작은 단위로 나누어 제시한다. 또는 A학생이 마침내 문제를 해결하자, AI는 같은 유형이지만 숫자가 다른 새로운 문제 3개를 즉시 생성하여 개념을 확실히 다지도록 유도한다. AI는 학습자의 모든 상호작용을 데이터로 삼아 학습 경로를 세밀하게 조정하고 필요한 지원(스캐폴딩)을 적시에 제공하는 것을 목표로 한다.

학습자는 정보를 받아들이고 처리하는 방식에서 개인적인 선호를 보인다. 생성형 AI, 특히 대규모 언어 모델과 이미지 생성 모델은 이러한 다양성을 충족시키기 위해 다중 양식(Multi-modal) 학습 자료를 즉시 생성할 수 있다. 이는 모든 학습자에게 여러 경로로 정보에 접근할 기회를 제공하여 이해도를 높이는 보편적 학습 설계

(Universal Design for Learning, UDL) 원리와도 일치한다(Fleming, 2001; Rose & Meyer, 2002). 생물학 수업에서 '세포 호흡'이라는 복잡한 개념을 학습하는 상황을 가정해 보자. AI는 다양한 학습 선호도(VARK: Visual, Aural, Read/Write, Kinesthetic)를 고려하여 다음과 같은 맞춤형 콘텐츠 패키지를 생성할 수 있다. 시각적으로는 미토콘드리아 내부에서 일어나는 해당 과정, TCA 회로, 전자 전달계의 전 과정을 보여주는 고품질 3D 애니메이션을 생성하고, 핵심 분자(ATP, NADH 등)들의 구조를 나타내는 인터랙티브 3D 모델을 제공하여 학습자가 직접 돌려보고 확대하며 탐색할 수 있게 한다. 청각적으로는 세포 호흡 과정을 전문가가 설명해 주는 듯한 팟캐스트 형식의 오디오 스크립트를 생성하고, 이를 자연스러운 목소리로 변환한 음성 파일을 제공한다. 최근 구글에서 제공하는 NoteBookLM이 이에 해당한다. 이외에도 복잡한 교과서 내용을 핵심만 요약한 간결한 텍스트 요약본을 생성하고 학습한 내용을 확인할 수 있는 자동 생성 퀴즈(객관식, 단답형, 빈칸 채우기 등)를 제공하고, 틀린 문제에 대한 상세한 텍스트 해설을 덧붙이는 과정을 거치기도 한다. 그 외에, 시뮬레이션 기반 학습에 근거해서 책에 나온 개념을 토대로 가상 실험 시나리오

를 생성한다. 학습자는 직접 손으로 포도당 분자를 분해하고, 전자 운반체를 옮겨 ATP를 합성하는 등의 상호작용을 통해 과정을 체감적으로 학습한다. 세포 호흡 과정을 순서대로 배열하는 드래그 앤 드롭 방식의 미니 게임을 생성한다.

몰입형 학습 환경(VR/AR)에서 AI는 학습자의 행동과 상태라는 '상황(Context)'을 인지하여 가장 관련성 높은 정보를 적시에 제공하는 '지능형 비서' 역할을 수행한다. 이는 학습자의 인지적 부하를 줄이고, 학습 흐름이 끊기지 않도록 돕는다.

상황에 대한 종류는 다음과 같다.

행동적 맥락(Behavioral Context): 학습자의 시선, 손의 움직임, 상호작용하는 가상 객체 등을 의미한다. 시나리오(가상 박물관): 학습자가 VR 박물관에서 특정 고대 유물(예: 이집트의 로제타석) 앞에 10초 이상 머물며 자세히 관찰한다. AI는 이를 '높은 관심'으로 해석하고, 자동으로 해당 유물에 대한 상세 정보(발견 당시의 이야기, 각 언어의 해독 과정 등)를 담은 팝업창이나 음성 가이드를 활성화한다.

인지적/감성적 맥락(Cognitive/Emotional Context): 학습자의 인지적 상태(혼란, 집중)나 감성적 상태(좌절,

지루함)를 추론하는 것이다. 이는 VR 헤드셋의 센서(시선 추적, 심박수)나 마이크(음성 톤)를 통해 수집된 생체 신호를 분석하는 '감성-인식 컴퓨팅(Affective-aware Computing)' 기술을 활용한다. 시나리오 측면에서는 가상 화학실험 시, 학습자가 적정(titration) 실험을 수행 중이라고 생각해 보자. AI는 학습자의 손 떨림이 심하고, 뷰렛의 용액을 계속 목표 지점 이상으로 떨어뜨리는 행동 패턴을 감지한다. 동시에 마이크를 통해 들리는 작은 한숨 소리를 '좌절'의 신호로 해석한다. 이때 AI 튜터 아바타가 나타나 "괜찮아요, 적정은 정밀함이 생명이죠. 처음에는 누구나 어렵습니다. 제가 가상 클램프로 손을 고정시켜 드릴 테니, 색깔 변화에만 집중해서 다시 시도해볼까요?"라며 정서적 지지와 함께 기술적 도움을 제공한다(Picard, 1997).

증거 중심(ECD) 콘텐츠 생성과 인간 전문가(HITL)의 검증

생성형 AI를 통해 자동화된 몰입형 학습 환경의 질을 평가하는 것은 그 효과성과 신뢰성을 확보하는 데 매우 중요하다. 학습자에게 전례 없는 현실감과 상호작용성을 제공하는 만큼, 콘텐츠의 작은 오류나 내재된 편향이 학습자에게 미치는 영향은 기존의 교육 매체보다 훨씬 크고 직접적이기 때문이다. 따라서 평가는 3차원 공간을 구성하는 오브젝트, 소리, 상호작용, 그리고 그 안에서 펼쳐지는 서사 전체를 포괄하는 다차원적이고 정교한 과정이어야 한다.

우선 가장 기본적인 평가 차원은 정확성 및 맥락적 개연성이다. 몰입형 환경에서 정확성이란 단순히 사실의 참과 거짓을 넘어, 학습자가 그 세계를 총체적으로 그럴듯하다고 받아들일 수 있는지를 의미한다. 이는 여러 층위로 나뉜다. 첫째, 가상 수술실의 의료기기 모델이나 AR로 구현된 공룡의 피부 질감과 같은 요소적 정확성이 확보되어야 한다. 둘째, 가상 세계의 물리 법칙이 일관되게 적용되는 물리적 일관성이 중요하다. 예를 들어, 가상 화재 진압 훈련에서 AI는 목재, 금속, 유류 등 물질에 따라 불길의 확산 속도와 패턴, 연기의 밀도까지 현실적으로 다르게 시뮬레이션해야 한다. 마지막으로, 시나리오와 가상 캐릭터의 행동이 논리적으로 전개되는 서사적 개연성이 필요하다. 가상 비즈니스 협상 훈련에서 AI 아바타는 학습자의 돌발 제안에 당황하거나 새로운 제안을 고려하는 등, 정해진 스크립트를 넘어 상황에 맞는 자연스러운 반응을 보여야 한다. 이러한 총체적 개연성을 검증하기 위해, 교사나 전문가는 직접 가상 환경에 들어가 시나리오를 체험하며 오류를 찾는 '워크스루(Walk-through)' 평가를 수행하고, 나아가 의도적으로 예외 상황을 만들어 시스템의 강건성을 시험할 수도 있다. AI 시뮬레이션 결과를 실제 데이터나 전문 공학 시뮬레이션 결과와 비교하는 정량적 비교 검증을 통해 신뢰도를 높일 수 있다.

그러나 현실을 정확히 모방하는 것을 넘어, 이 가상 환경이 실질적인 학습을 촉진하는지를 평가하는 것이 더욱 중요하다. 이것이 바로 교수법적 및 몰입적 효과성 평가의 영역이다. 아무리 현실 같아도 학습이 일어나지 않으면 단순한 기술 체험에 그치기 때문이다. 여기서 핵심은 몰입형 기술의 고유한 장점인 현존감과 체화된 인지(embodied cognition)를 학습에 효과적으로 활용하는지 확인하는 것이다. 예를 들어, AR로 자동차 엔진을 수리하는 훈련에서 너무 많은 정보가 한꺼번에 화면을 뒤덮는다면 이는 학습을 방해하는 외재적 인지 부하를 유발하므로(Sweller, 1994), 정보는 꼭 필요한 시점에 가장 이해하기 쉬운 형태로 제공되어야 한다. 또한 가상으로 분자 구조를 배우면서 손으로 직접 분자를 잡고 돌려보는 활동처럼, 학습자의 신체적 움직임이 개념적 이해를 깊게 하는 체화된 상호작용(embodied interaction)이 잘 설계되었는지 평가해야 한다(Varela et al., 1991). 궁극적으로 AI는 학습자의 수행 능력을 실시간으로 분석하여 과제의 난이도를 동적으로 조절함으로써, 학습자가 시간 가는 줄 모르고 활동에 깊이 빠져드는 학습 몰입(flow) 상태를 유도해야 한다. 이러한 효과성을 측정하기 위해 개발자는 시선 추적이나 심박수 같은 생체 신호와 사용 후 설문을 종합하는 다중 양식 데이터 분석을 활용하거나, 가상 화학 실험에서 특정 도구의 사용 빈도나 실패 패턴을 기록하는 상호작용 로그 분석을 통해 설계의 문제점을 객관적으로 파악할 수 있다.

이처럼 효과적인 학습 경험을 설계하는 것과 동시에, 우리는 기술이 가진 잠재적 위험을 직시하고 모든 학습자를 보호할 윤리적 책임을 져야 한다. 강력한 몰입감은 윤리적 문제를 증폭시키고 학습자의 심리에 깊은 영향을 줄 수 있기 때문이다. 특히 AI가 생성한 가상 캐릭터의 인종, 성별, 직업이 사회적 고정관념을 강화하는 증폭된 편향성을 경계해야 한다. 더 나아가, AI 면접 시뮬레이션이 특정 톤의 목소리나 키워드에만 긍정적 피드백을 주는 것처럼, 특정 가치관이나 문제 해결 방식을 은연중에 강요하는 절차적 편향이 없는지도 세심하게 살펴

봐야 한다. 또한 실패가 실제처럼 느껴지는 환경에서 학습자를 보호할 심리적 안전 장치는 필수적이다. 가상 응급실 시뮬레이션에서 실패했을 때, AI 튜터가 정서적 지지를 제공하고 성과를 분석하는 디브리핑 모드로 전환해 주는 기능이 좋은 예다. 나아가 자막 옵션이나 다양한 상호작용 방식을 제공하여 신체적 제약과 상관없이 모두가 참여할 수 있도록 하는 접근성 및 포용성 역시 중요한 평가 기준이다. 이러한 윤리적 설계를 검증하기 위해, 다양한 배경의 가상 페르소나로 시스템의 편향을 테스트하는 다양성 스트레스 테스트를 수행하고, 위급 시 즉시 경험을 중단할 수 있는 탈출 및 완화 기능이 직관적으로 구현되었는지 철저히 검토해야 한다.

결론적으로, 이 모든 복잡한 질적 평가는 AI와 인간이 '공동 창작자(Co-Creator)'로 함께 진화하는 역동적인 협력 모델 속에서 완성된다. 교사는 더 이상 AI가 만든 결과물을 수동적으로 검토하는 데 그치지 않고, 창작 과정 자체에 깊숙이 개입한다. 예를 들어, 교사는 AI 기반의 VR 신(Scene) 에디터를 사용하여 "이 방을 좀 더 긴장감 있게 만들어 줘"라고 명령하고, AI가 제안하는 여러 시안 중 하나를 선택하거나 추가적인 피드백을 주며 함께 환경을 실시간으로 만들어간다. 이러한 대화형 강화 학습 과정 속에서 교사의 교육적 의도와 전문성은 AI 생성 모델에 직접 반영되고, AI는 특정 교사와 교육 과정에 최적화된 지능적인 조력자로 성장한다. 이처럼 인간과 AI가 함께 만들어가는 역동적인 협력이야말로, 기술적으로 정확하고 교육적으로 효과적이며 윤리적으로 안전한 고품질 몰입형 학습 경험을 보장하는 핵심이다.

참고문헌

Csikszentmihalyi, M.(1990). *Flow: The psychology of optimal experience.* Harper & Row.

Fleming, N. D.(2001). *Teaching and learning styles: VARK strategies.* N.D. Fleming.

Google Labs.(2023). NotebookLM [Large language model]. https://notebooklm.google.com

Kerbl, B. et al.(2023). 3D Gaussian splatting for real-time radiance field rendering. *ACM Transactions on Graphics, 42*(4), pp.1~14.

Kingma, D. P. & Welling, M.(2013). Auto-encoding variational bayes. arXiv:1312.6114.

Picard, R. W.(1997). *Affective computing.* MIT Press.

Rose, D. H. & Meyer, A.(2002). *Teaching every student in the digital age: Universal design for learning.* ASCD.

Sohl-Dickstein, J. et al.(2015). Deep unsupervised learning using nonequilibrium thermodynamics. *ICML*, pp.2256~2265.

Sweller, J.(1994). Cognitive load theory, learning difficulty, and instructional design. *Learning and Instruction, 4*(4), pp.295~312.

Varela, F. J. et al.(1991). *The embodied mind: Cognitive science and human experience.* MIT Press.

Vaswani, A. et al.(2017). Attention is all you need. *Advances in Neural Information Processing Systems, 30.*

Vygotsky, L. S.(1978). *Mind in society: The development of higher psychological processes.* Harvard University Press.

05
AI 기반 상호작용성 강화와 적응형 학습 지원

생성형 AI가 몰입형 학습 환경의 상호작용성을 어떻게 혁신하고, 보이지 않는 개인 교사처럼 학습자 개개인에게 최적화된 지원을 제공하는지에 대한 구체적인 전략과 그 구현 방안을 심층적으로 논의한다.

AI 콘텐츠 크리에이터?

지능형 가상 에이전트(IVA)와 적응형 튜터 시스템의 진화

몰입형 학습 환경에서 AI의 역할은 화면 밖의 보조 도구에 머무르지 않는다. AI는 학습자와 함께 호흡하는 구체적인 형태, 즉 지능형 가상 에이전트(Intelligent Virtual Agents, IVAs) 또는 체화된 대화형 에이전트(Embodied Conversational Agents, ECAs)로 학습 세계 안에 직접 등장한다. 이들은 인간의 형상을 한 아바타, 친근한 로봇 도우미, 또는 역사적 인물의 모습으로 나타나 학습자와 자연스러운 상호작용을 이끌며, 몰입형 학습 경험의 질을 근본적으로 바꾸는 핵심 요소로 기능한다. 이러한 IVA는 과거의 지능형 튜터링 시스템(ITS)이 가진 개인화된 지도 및 피드백 제공 기능을 계승하고, 몰입형 기술의 장점과 결합하여 한 차원 높은 상호작용을 구현한다(VanLehn, 2011; D'Mello & Graesser, 2012).

IVA는 학습 목표와 내용에 따라 다채로운 역할을 수행하며 학습을 촉진한다. 첫째, 소크라테스식 가이드(Socratic Guide)로서의 역할이다. 이 IVA는 정답을 직접 알려주는 대신 학습자가 스스로 지식을 구성하도록 유도하는 발문을 던진다. 예를 들어, 가상 현실 속 고대 로마 유적지를 탐사하는 학습자에게 역사학자 '카토'의 아바타가 나타나 "저 수도교의 웅장함이 보이시나요? 그런데 왜 로마인들은 저렇게 높은 아치 구조를 반복해서 사용해야만 했을까요?"와 같이 질문함으로써, 학습자가 단순한 관찰을 넘어 구조적 원리와 역사적 배경에 대해 깊이 사유하도록 이끈다. 이러한 소크라테스식 발문 전략은 AutoTutor와 같은 여러 지능형 튜터링 시스템에서 학습자의 깊이 있는 이해와 초인지(metacognition)를 촉진하기 위해 성공적으로 활용되어 왔다(Graesser et al., 2005).

둘째, 가르칠 수 있는 학습 파트너(Teachable Agent)로서의 역할이다. 이는 학습자가 오히려 미숙한 AI 에이전트를 가르치는 입장이 되는 역발상적 접근법으로, '가르치면서 배운다'는 보호자 효과(Protege Effect)를 극대화한다. 예를 들어, 가상 화학 실험실에서 학습자는 서투른 로봇 조수에게 정확한 적정(titration) 실험 방법을 가르쳐야 한다. 로봇이 실수로 용액을 너무 많이 넣거나 잘못된 시약을 사용할 때, 학습자는 왜 그것이 틀렸는지, 올바른 절차는 무엇인지를 설명하는 과정에서 자신의 개념적 이해를 더욱 명확하고 견고하게 다질 수 있다(Chase et al., 2009).

셋째, 현실적인 역할 수행자(Realistic Role-Player)로

서의 역할이다. 이는 특히 의사소통이나 위기 대응과 같은 소프트 스킬 훈련에 탁월한 효과를 보인다. 가상 매장에서 까다로운 고객을 응대하거나, 가상 병원에서 불안해하는 환자에게 질병에 대해 설명하는 시나리오에서 IVA는 실제 인간처럼 행동한다. 여기서 AI는 단순히 정해진 대사를 읊는 것을 넘어, VR 헤드셋과 마이크를 통해 수집된 학습자의 목소리 톤, 시선 처리, 제스처와 같은 비언어적 신호를 실시간으로 분석하여 "지금 저를 똑바로 쳐다보지 못하시는데, 혹시 무언가 숨기는 것이 있습니까?"와 같이 동적으로 반응함으로써, 학습자가 실제와 같은 압박감 속에서 대처 능력을 기르도록 돕는다. 이처럼 통제된 가상 환경에서 실패에 대한 부담 없이 대인관계 기술을 반복적으로 연습하는 것은 실제 상황으로의 학습 전이를 높이는 데 매우 효과적인 것으로 알려져 있다(Gratch & Marsella, 2004).

이 모든 활동의 배후에서, 적응형 튜터 시스템은 보이지 않는 총감독으로서 학습자의 모든 상호작용 데이터(문제 해결 시간, 오답 패턴, IVA와의 대화 내용 등)를 종합적으로 분석한다. 이를 통해 시스템은 교사에게 "A학생이 원심력 개념을 특히 어려워하며, 관련 시뮬레이션에서 평균 3회 이상 실패했습니다"와 같은 상세한 분석

리포트를 제공하여 교사의 부담을 경감시키고, 교사가 데이터에 기반한 정밀한 중재를 할 수 있도록 지원한다.

학습자 개개인에게 실시간 피드백 제공 방안

효과적인 학습은 정확한 피드백을 통해 이루어진다. 몰입형 환경에서 AI는 텍스트 기반의 피드백을 넘어, 학습자의 감각을 다각도로 자극하는 다중 양식 피드백을 실시간으로 제공함으로써 오류를 즉각적으로 교정하고 올바른 수행을 체화시킨다.

피드백은 학습의 단계와 종류에 따라 정교하게 설계된다. 절차적 지식(Procedural Knowledge) 학습 시, 피드백은 즉각적이고 직관적이어야 한다. 예를 들어, 가상 정비소에서 자동차 엔진을 조립하는 학습자가 부품을 잘못된 위치에 끼우려고 하면, 단순히 '오류'라는 텍스트가 뜨는 것이 아니라 컨트롤러에 미세한 햅틱 진동이 전달되고, 부품이 결합되지 않으며 '철컥'하는 청각적 불협화음이 발생한다. 동시에 올바른 위치는 은은한 빛으로 시각적 강조가 이루어진다. 이러한 감각적 피드백은 학습자가 실수를 즉시 인지하고, 마치 근육 기억처럼 올바른 절차를 몸으로 익히게 한다.

반면, 개념적 이해(Conceptual Understanding)를 위

한 피드백은 단계적이고 정교한 스캐폴딩(Scaffolding) 전략을 따른다. 학습자가 가상 물리 실험에서 포물선 운동의 원리를 이해하지 못해 과제를 해결하지 못할 때, AI는 즉시 정답을 보여주지 않는다.

1단계(미묘한 힌트): AI는 발사체의 예상 궤적을 희미한 점선으로 시각화하여 보여준다.

2단계(개념적 발문): 그래도 해결하지 못하면, IVA가 나타나 "혹시 중력과 초기 발사 각도의 관계에 대해 다시 생각해 볼까요?"라며 사고의 방향을 제시한다.

3단계(구체적 시연): 그럼에도 어려움을 겪으면, 학습자의 손과 똑같은 '투명한 아바타'가 나타나 컨트롤러를 올바른 각도로 조준하고 발사하는 동작을 시연해 준다. 학습자는 이를 그대로 따라하며 개념과 실제 조작 간의 관계를 깨닫게 된다(Wood et al., 1976; Shute, 2008).

피드백의 정점은 학습자의 감성 상태까지 고려하는 정서-인식 컴퓨팅(Affective-aware Computing)에 있다. 가상 현실 기반의 대중 연설 훈련을 예로 들어보자. AI는 학습자의 심박수 증가와 시선이 불안정하게 흔들리는 것을 생체 신호로 감지하여 '무대 공포' 상태로 진단한다. 이때 IVA는 부드러운 목소리로 "괜찮습니다. 잠시 심호흡을 해볼까요? 우선 저기 뒤편에 웃고 있는 청중한 명에게만 집중해서 이야기한다고 생각해 보세요"라며 정서적 안정과 함께 구체적인 대처 전략을 제공한다. 이처럼 학습자의 내면 상태를 읽고 공감하며 제공되는 피드백은 학습 효과를 넘어 학습에 대한 자신감과 긍정적 태도를 형성하는 데 결정적인 역할을 한다(Picard, 1997).

학습자 중심의 동적 환경 구축

궁극적으로 AI 기반 몰입형 학습 환경은 정적인 배경이 아니라 학습자의 요구와 상태에 따라 실시간으로 변화하고 적응하는 살아있는 생태계가 되어야 한다. 이는 학습자에게 최적화된 경험을 제공하는 동적 환경 구축을 통해 실현된다. 가장 핵심적인 기술은 절차적 콘텐츠 생성(Procedural Content Generation, PCG)을 활용한 적응형 시나리오다. AI는 사전 제작된 몇 개의 시나리오를 반복하는 대신, 학습자의 수준에 맞춰 무한에 가까운 새로운 과제를 실시간으로 생성한다. 예를 들어, 미래의 소방관을 위한 VR 훈련에서, 초급 단계의 학습자에게는 단일 발화점에서 시작하는 단순한 화재 시나리오가 생성된다. 학습자가 진압 절차에 익숙해지면, AI는 바람의 방향 변화, 예기치 않은 추가 폭발, 구조를 기다리는 가상 인물의 등장과 같은 변수들을 추가하여 시나리오의 복잡성을 동적으로 높인다. 이는 학습자가 항상 자신의 기량보다 약간 높은 수준의 도전 과제(ZPD)에 직면하게 하여, 성장의 정체를 막고 지속적인 몰입을 유도한다 (Togelius et al., 2011; Vygotsky, 1978).

환경의 동적 변화는 개별 NPC의 반응을 넘어, 시스템 전체의 유기적 반응으로 확장된다. 가상 외교관이 되어 국제 분쟁을 중재하는 시뮬레이션을 상상해 보자. 학습자가 한 국가의 대표에게 지나치게 공격적인 발언을 하면, 해당 대표 아바타만 화를 내는 것이 아니라 주변에 있던 다른 국가 대표들의 표정이 굳어지고 우호적이던 국가의 대표가 슬며시 거리를 두는 등 환경 전체가 학습자의 행동에 대한 결과로 상호작용하며 변화한다. 이러한 시스템적 반응성은 학습자가 자신의 결정이 복잡한 시스템에 미치는 연쇄적인 영향을 깊이 이해하도록 돕는다.

마지막으로, 환경은 학습자의 감성 상태와 상호작용하는 정서적 적응 루프(Affective Adaptation Loop)를 구축한다. 복잡한 가상 회로 기판 위에서 고장 원인을 찾는 훈련 중 AI가 학습자의 시선이 한 곳에 오래 머물고 문제 해결 시간이 길어지는 것을 '인지적 교착 상태'로 판단했다고 가정해 보자. 이때 시스템은 학습자를 돕기 위해 동적으로 환경을 변화시킨다. 갑자기 실험실의 조명이 살짝 어두워지면서, 문제 해결과 관련 없는 주변 회로들은 희미해지고, 핵심적인 단서가 될 만한 부품 몇 개만이 은은한 빛을 내기 시작한다. 동시에 잔잔한 배경 음악이 흘러나와 학습자의 긴장을 완화한다. 이는 정답을 직접 주지 않으면서도 학습자의 주의를 자연스럽게 유도하고, 인지적 부담을 줄여 스스로 문제를 해결할 수 있도록 돕는 고도로 지능적인 환경의 개입이다. 학습자의 좌절, 지루함, 몰입과 같은 감정 상태를 실시간으로 추론하고 이에 맞춰 개입하는 이러한 순환 구조는 학습 효과와 동기를 최적화하는 핵심적인 메커니즘이다(D'Mello & Graesser, 2014).

이처럼 AI 기반의 상호작용성 강화는 학습자의 인지적, 정서적, 행동적 상태를 실시간으로 파악하고, 그에 맞춰 가상 에이전트, 피드백, 그리고 환경 전체가 유기적으로 변화하는 것을 의미한다. 이는 AI를 단순한 도구를 넘어 학습자의 성장을 돕는 지능적인 동반자로 만든다. 그리고 이 동반자와의 모든 상호작용은 학습자의 내면을 이해하는 귀중한 데이터가 되며, 이는 이어지는 챕터에서 다룰 학습 분석(Learning Analytics)의 기반이 된다. 따라서 AI 기반 상호작용성 강화는 모든 학습자가 잠재력을 최대한 발휘할 수 있는 개인화된 학습 시대를 여는 핵심 전략이다(Dede, 2009).

참고문헌

Chase, C. C. et al.(2009). Teachable agents and the protege effect: Increasing the effort towards learning. *Journal of Science Education and Technology, 18*(4), pp.334~352.

Dede, C.(2009). Immersive interfaces for engagement and learning. *Science, 323*(5910), pp.66~69.

D'Mello, S. & Graesser, A.(2012). AutoTutor and affective autotutor: Learning by talking with cognitively and emotionally intelligent computers that talk back. *ACM Transactions on Interactive Intelligent Systems, 2*(4), pp.1~39.

D'Mello, S. & Graesser, A.(2014). Confusion and its dynamics during device comprehension with breakdown scenarios. *Acta Psychologica, 151*, pp.106~116.

Graesser, A. C. et al.(2005). AutoTutor: An intelligent tutoring system with mixed-initiative dialogue. *IEEE Transactions on Education, 48*(4), pp.612~618.

Gratch, J. & Marsella, S.(2004). A domain-independent framework for modeling emotion. *Cognitive Systems Research, 5*(4), pp.269~306.

Minogue, J. & Jones, M. G.(2006). Haptics in education: Exploring an untapped sensory modality. *Review of Educational Research, 76*(3), pp.317~348.

Picard, R. W.(1997). *Affective computing*. MIT Press.

Shute, V. J.(2008). Focus on formative feedback. *Review of Educational Research, 78*(1), pp.153~189.

Togelius, J. et al.(2011). Search-based procedural content generation: A taxonomy and survey. *IEEE Transactions on Computational Intelligence and AI in Games, 3*(3), pp.172~186.

VanLehn, K.(2011). The relative effectiveness of human tutoring, intelligent tutoring systems, and other tutoring systems. *Educational Psychologist, 46*(4), pp.197~221.

Vygotsky, L. S.(1978). *Mind in society: The development of higher psychological processes*. Harvard University Press.

Wood, D. et al.(1976). The role of tutoring in problem solving. *Journal of Child Psychology and Psychiatry, 17*(2), pp.89~100.

06
교육용 게임분석학 기반 적응형 학습 평가

교육의 효과와 재미를 동시에 추구하는 교육용 게임(Serious Game), 특히 몰입형 기술과 결합된 환경에서 생성되는 방대한 학습자 데이터를 AI가 어떻게 분석하고, 이를 통해 학습 평가의 패러다임을 어떻게 바꾸는지를 심층적으로 탐구한다.

AI와 민주주의?

교육용 게임 내 학습자 데이터 분석 방법

우리가 교육용 게임 분석을 논하기에 앞서, 먼저 기존 평가 방식의 한계를 명확히 인식할 필요가 있다. 전통적인 지필 고사나 객관식 시험은 특정 지식의 암기 여부를 확인하는 데는 효율적일 수 있으나, 21세기가 요구하는 복잡한 문제 해결 능력, 절차적 기술, 위기 상황에서의 의사 결정 과정, 또는 팀 환경에서의 협업 능력과 같은 고차원적 역량을 측정하는 데는 명백한 한계를 마주하고 있다. VR/AR 기반의 교육용 게임은 바로 이러한 역량들을 훈련시키고 평가할 수 있는 이상적인 장을 제공한다.

이 새로운 평가 방식의 핵심 철학은 '과정을 결과물로 본다(Process as Product)'는 것이다. 복잡한 문제를 해결할 때, 학습자가 어떻게 그 해답에 도달했는지는 그 해답 자체만큼이나 혹은 그 이상으로 중요하다. 수학 문제에서 풀이 과정을 통해 사고의 흐름을 파악하듯, 게임 애널리틱스는 학습자가 가상 환경에서 수행한 모든 행동, 모든 선택, 모든 실수를 가시화하여 그들의 전략, 사고방식, 오개념을 투명하게 드러낸다. 이러한 철학은 '증거 중심 설계(Evidence-Centered Design)'라는 개념으로 구체화된다. 이는 게임을 설계하는 단계부터 평가를 염두에 두는 것을 의미한다. 즉, 게임 내의 모든 과제와 도전은 학습자가 특정 역량을 보유하고 있다는 '증거'를 자연스럽게 표출하도록 정교하게 설계된 평가 문항인 셈이다. 따라서 학습자는 자신이 평가받고 있다는 압박감 없이 게임에 몰입하는 동안, 자신도 모르는 사이에 자신의 역량에 대한 풍부한 증거 데이터를 시스템에 제공하게 된다.

학습자 상태 및 진행 상황에 따른 학습 난이도 및 콘텐츠 조정 사례

AI 기반 적응형 학습의 힘은 학습자의 행동과 상태를 얼마나 깊이 있게 이해하는지에 달려있다. 몰입형 교육용 게임은 학습자의 모든 상호작용을 데이터로 전환하는, 전례 없이 풍부한 정보의 원천이 된다. AI는 이 데이터를 체계적으로 분석하여 학습자의 머릿속과 마음속에서 일어나는 일을 추론하며, 이는 크게 세 가지 유형의 데이터 스트림을 통해 이루어진다.

가장 먼저, AI는 학습자의 물리적 행동 기록인 공간-시간 데이터(Spatiotemporal Data)를 통해 행동의 지도를 그린다. 이것은 학습자가 가상 세계에서 '어디서, 무엇을, 어떻게 했는가'에 대한 객관적인 기록으로, 학습자의 전략과 숙련도를 명확히 보여준다. 예를 들어, 신입 직원을 위한 가상 매장 훈련에서 3D 히트맵을 분석해 보니 한 직원이 계산대 근처에만 머물고 고객 아바타가 있는 상품 진열대에는 거의 접근하지 않는다는 사실이 드러났다면, 이는 고객 응대에 대한 소극적인 태도나 두려움을 나타내는 직접적인 증거가 된다. 또한 VR로 구현된 고대 로마 유적지에서 경로 추적을 통해 한 학생이 정해진 큰길만 따라 이동하고 역사적으로 중요한 장인의 작업장으로 이어지는 샛길은 그냥 지나치는 것을 발견한다면, 이는 탐구 정신의 부족을 의미할 수 있다. 가장 세밀한 분석은 객체 상호작용 로그를 통해 이루어진다. 가상 화학 실험실에서 단순히 '비커를 사용했다'고 기록하는 것을 넘어, "비커를 집는다→물을 100ml 채운다→가열기 위에 올린다→가열기를 켜는 것을 잊는다→리트머스 종이를 집는다"와 같은 행동 순서 전체를 기록함으로써, '온도를 높여야 반응이 일어난다'는 핵심 원리를 놓치고 있는 명백한 절차적 오류를 정확히 포착할 수 있다.

물리적 행동의 지도를 그리는 것을 넘어, 몰입형 기술은 학습자의 내면을 엿볼 수 있는 전례 없는 창을 열어준다. 바로 정서 데이터(Affective Data)의 영역이다. 이는 학습자의 보이지 않는 인지적 부하와 감정의 흐름을 파악하는 데 결정적인 역할을 한다. 가상 현실 기반의 대중 연설 훈련을 예로 들어보자. 시선 추적 기술은 학습자의 시선이 청중을 향하지 않고 바닥이나 자신의 발표 노트에만 머무르는 것을 분석하여 '시선 회피' 패턴을 잡아낸다. 동시에 음성 생체 표지 분석은 발표 내용 중 복잡한 슬라이드에 도달했을 때 목소리의 떨림이 심해지거나 말하는 속도가 급격히 빨라지는 것을 감지하여 극도의 긴장 상태임을 추론한다. 항공 관제사 훈련과 같은 고도의 집중력이 요구되는 시뮬레이션에서는 동공 팽창 데이터가 중요하다. 화면에 비행기 수가 늘어남에 따라 학습자의 동공이 급격히 팽창한다면, 이는 인지적 과부하 상태에 도달했다는 객관적인 신호이며, 시스템이 개입하여 난이도를 조절할 필요가 있음을 알려준다. 반대로, 불안 완화를 위한 명상 VR에서는 피부 전도 반응(EDA)이나 심박 변이도(HRV) 센서로 스트레스 수준을 측정하며, "심박수가 안정되고 있습니다. 아주 잘하고 있어요"와 같이 긍정적인 생체 피드백을 제공하여 학습 효과를 강화할 수도 있다.

이처럼 개인의 인지적, 정서적 상태를 깊이 있게 이해하는 것과 더불어, 많은 교육용 게임은 협업 능력을 강조하며 사회적 및 소통 데이터(Social and Communicative Data)의 중요성을 부각시킨다. 이 데이터는 팀 내에서 개인이 어떻게 행동하고 관계 맺는지를 분석하여 팀워크의 질을 진단한다. 예를 들어, 기업 리더십 훈련을 위한 가상 방탈출 게임에서 소셜 네트워크 분석은 팀원 간의 대화 흐름을 시각화한다. 이를 통해 모든 팀원의 의견을 듣고 종합하는 '허브' 역할을 하는 사람과 서로 다른 의견을 가진 두 그룹 사이를 오가며 중재하는 '브릿지' 역할을 하는 사람을 식별하여 다양한 리더십 스타일을 발견할 수 있다. 응급실을 배경으로 한 의료팀 시뮬레이션에서는, AI가 팀원들의 대화에서 '환자 상태(Situation)', '배경(Background)', '평가(Assessment)', '권고(Recommendation)'와 같은 표준화된 의사소통 프로토콜(SBAR)의 핵심 단어들이 모두 포함되었는지를 분석하여 소통의 정확성과 효율성을 평가한다. 또한 국제 비즈니스 협상 훈련에서는 AI가 '대화 차례'를 분석하여 한 학습자가 상대방의 말을 얼마나 자주 끊는지, 혹은 문화적으로 부적절하게 너무 가까이 다가서는지(proxemics)와 같은 미묘한 비언어적 소통 방식까지 평가하여, 단순한 언어 능력을 넘어선 문화적 역량에 대한 피드백을 제공한다. 이처럼 세 가지 유형의 데이터를 융합함으로써, AI는 비로소 한 명의 학습자를 총체적이고 입체적으로 이해하는 진정한 의미의 개인화된 학습 지원을 시작할 수 있다.

AI 분석 엔진: 데이터를 통찰력으로 변환하기

앞서 살펴본 것처럼 몰입형 교육용 게임은 학습자의 행동, 생체, 사회적 데이터를 포함한 방대한 정보 스트림을 생성한다. 하지만 원석이 보석이 되려면 세공이 필요하듯, 이 데이터 또한 고도화된 AI 분석 엔진이라는 정교한 세공 과정을 거쳐야 비로소 교육적으로 의미 있는 통찰력, 즉 학습자 개개인을 위한 맞춤형 지도로 변환될 수 있다. 이 엔진은 특정 목적에 따라 다양한 기계 학습 기법들을 복합적으로 활용하여, 눈에 보이지 않는 학습자의 내면을 해석한다.

가장 직관적인 접근법은 지도 학습(Supervised Learning)을 통해 학습자의 현재 역량을 객관적으로 분류하는 것이다. 이는 마치 정답지가 있는 시험 문제를 채점하는 것과 유사하다. AI 모델은 먼저 전문가나 숙련된 교사들이 동일한 가상 훈련을 수행하며 남긴 데이터를 '모범 답안' 또는 '기준점(benchmark)'으로 학습한다. 예를 들어, VR 외과 수술 훈련이라면 전문가의 부드럽고 효율적인 손 움직임, 최소한의 조직 손상, 신속한 의사결정 데이터가 바로 그 기준이 된다. 이후, 새로운 학습자가 훈련을 시작하면 AI는 실시간으로 학습자의 데이터를 전문가의 데이터와 비교 분석한다. 그 결과, 시스템은 단순히 '성공/실패'를 넘어, "이 학습자의 절개 정확도는 '전문가' 수준에 도달했지만, 예상치 못한 출혈 상황에서의 대처 속도는 '초심자' 수준에 머물러 있습니다"와 같이 다면적인 역량 진단서를 제공할 수 있다. 이는 학습자에게 자신의 강점과 약점을 명확히 인지시켜 다음 학습 목표를 설정하는 데 도움을 준다.

하지만 모든 학습 활동에 명확한 '정답'이 있는 것은 아니기 때문에, 이때는 비지도 학습(Unsupervised Learning), 특히 클러스터링 알고리즘이 그 진가를 발휘한다. 이 기법은 정답 없이 데이터 자체의 내재된 구조와 패턴을 분석하여, 유사한 행동을 보이는 학습자들을 그룹으로 묶어 숨겨진 행동 유형을 발견한다. 이는 앞서 언급한 행동 프로파일링을 더욱 정교하게 만들어, 단순히 점수로 학습자를 서열화하는 대신 각자의 고유한 강점과 학습 스타일을 이해하는 방식이 된다. 예를 들어, AI는 위기관리 시뮬레이션에서 '모든 정보를 수집한 후에야 신중하게 행동하는 방법론적 계획가', '빠르게 여러 시도를 하며 시행착오를 통해 배우는 저돌적인 실험가', '팀원들의 의견을 조율하고 합의를 이끌어내는 사회적 리더' 등 다채로운 프로필을 식별해 낸다. 이러한 분석은 진단에서 처방으로 이어진다. '방법론적 계획가'에게는 신속한 의사 결정을 장려하는 타임어택 미션을, '저돌적인 실험가'에게는 실수 시 자원 패널티를 부여하여 신중함을 유도하는 등 각자의 스타일을 존중하면서도 약점을 보완할 수 있는 맞춤형 과제를 제시할 수 있다.

더 나아가 AI는 수많은 학습자들의 성공 및 실패 데이터를 바탕으로 시행착오를 거듭하며 특정 과제를 해결하는 '최적의 전략(Optimal Policy)'을 스스로 학습할 수 있는데 이것이 바로 강화 학습(Reinforcement Learning) 영역이다. 가상 레이싱 게임을 예로 들면, 강화 학습 AI는 수만 번의 가상 주행을 통해 특정 트랙에서 가장 빠른 속도를 낼 수 있는 최적의 주행 라인, 브레이크 시점, 가속 타이밍을 스스로 터득할 수 있다. 이렇게 발견된 최적의 전략은 다양하게 활용된다. 어려움을 겪는 학습자는 자신의 차 앞에 이 최적의 라인을 따라 주행하는 '고스트카'를 활성화하여 따라가며 배울 수 있다. 반대로, 상급 학습자에게는 이 최적의 전략을 고급 수준으로 수행하는 AI 상대를 등장시켜 긴장감 넘치는 경쟁을 유도할 수도 있다. 훈련 후에는 학습자의 주행 경로를 최적 경로와 겹쳐서 보여주며 어느 구간에서 시간을 잃었는지 시각적으로 분석해 주는 리플레이 기능도 제공 가능하다.

이 모든 지도, 비지도, 강화 학습을 통해 얻어진 분석 결과는 최종적으로 하나의 살아있는 모델로 통합된다. 바로 학습자의 '디지털 트윈(Digital Twin)' 이다. 학습자의 모든 데이터가 실시간으로 유입됨에 따라 계속해서 변화하고 진화하는, 그야말로 학습자의 가상 분신이다. 이 디지털 트윈 대시보드에는 학습자의 현재 지식 상태(예: '광합성' 개념은 마스터, '세포 호흡'은 취약), 인지적 강점과 약점(예: '공간 지각력'은 높음, '주의 집중력'은 변동 심함), 선호하는 학습 스타일('시각적, 실험적'), 그리고 현재의 감성 상태('약간의 불안감', '높은 호기심')까지 총체적으로 담겨 있다. 심지어 "현재의 문제 해결 패턴으로 볼 때, 다음 복합 과제에서 실수할 확률이 75%입니다"와 같은 예측적 경고(Predictive Alert)까지 가능하다. 이처럼 살아 숨 쉬는 디지털 트윈이야말로, 모든 적응형 피드백과 맞춤형 콘텐츠 제공의 가장 정밀하고 강력한 근거 자료가 된다.

동적 적응의 실제: 심화 사례 연구

이러한 AI 분석 엔진과 디지털 트윈이라는 개념이 실제로 교육 현장에서 어떻게 작동하는지, 구체적이고 심화된 사례를 통해 살펴보면 그 잠재력을 더욱 명확히 이해할 수 있다. 이 사례들은 AI가 단순히 학습자의 성과를 측정하는 것을 넘어, 어떻게 실시간으로 학습 경험 자체를 조각하고 만들어 나가는지를 생생하게 보여준다.

첫 번째 사례는 고도의 정밀성과 집중력을 요구하는 VR 외과 수술 훈련이다. 이 훈련의 목표는 단순히 수술 절차를 암기하는 것이 아니라, 수술의 정밀성, 효율성, 그리고 압박감 속에서의 의사결정 능력을 종합적으로 평가하고 향상시키는 것이다. AI는 훈련 내내 VR 컨트롤러의 미세한 움직임을 밀리초 단위로 분석하여 손 떨림(tremor) 정도를 측정하고(이때 햅틱 피드백을 통해 미세한 감각 정보를 제공할 수도 있다), 수술 도구의 이동 경로가 얼마나 효율적인지, 절개 과정에서 불필요한 정상 조직 손상은 없었는지를 정량적으로 평가한다 (Minogue & Jones, 2006).

만약 한 학습자가 특정 봉합 기술을 매우 빠르고 능숙하게 해내면, AI는 즉시 다음 단계의 난이도를 높인다. 이때 단순히 과제를 어렵게 만드는 것이 아니라, 환자의 해부학적 구조를 표준과 약간 다르게 변형시키거나 갑작스러운 출혈이나 혈압 저하와 같은 돌발 상황을 생성하여 학습자의 문제 해결 능력과 스트레스 관리 능력을 시험한다. 반대로 학습자의 손 떨림이 심해지거나 특정 단계에서 반복적으로 실수를 하면, AI는 수술 부위를 자동으로 약간 확대해주거나 최적의 절개선을 3D 가이드 라인으로 보여주는 등 학습자의 근접 발달 영역에 맞는 섬세한 비계(scaffolding)를 활성화한다(Vygotsky, 1978; Wood et al., 1976). 훈련이 끝난 후에는 가상의 디브리핑 룸에서 자신의 수술 과정을 3D로 다시 재생해 볼 수 있다. 이때 화면에는 AI가 분석한 최적의 도구 경로와 학습자의 실제 경로가 겹쳐서 표시되며, 손 떨림이 심했던 구간이나 비효율적인 움직임이 있었던 부분이 붉은색으로 강조되어 나타난다. 이처럼 즉각적이고 시각적인 피드백을 통해 학습자는 자신의 단점을 명확히 인지하고, 올바른 절차적 기억(procedural memory)을 효과적으로 형성해 나갈 수 있다.

두 번째 사례는 리더십과 팀워크가 핵심인 협업 기반 재난 대응 시뮬레이션이다. 이 시나리오의 목표는 팀워크, 리더십, 자원 분배, 그리고 압박감 속에서의 의사소통 능력을 종합적으로 평가하는 것이다. 소방관, 의료 담당자, 현장 지휘관 등 각기 다른 역할을 맡은 학습자들은 통신하며 무너진 건물에서 생존자를 구출해야 한다. AI는 누가 먼저 구조 요청에 응답하는지, 누가 희소한 의료 자원을 독점하고 누가 공유하는지, 그리고 의사 결정 과정에서 누가 가장 큰 영향력을 미치는지를 실시간으로 분석하여 교사에게 제공되는 대시보드 위에 시각적인 소시오그램(sociogram)으로 보여준다. 만약 한 팀의 협업이 너무 순조롭게 진행되어 학습 효과가 정체된다고 판단되면, AI는 갑자기 팀원 간의 통신 장비를 고장내거나, "북쪽 구역에 추가 붕괴 위험이 있다"는 식의 잘못된 정보를 흘려보내 팀의 위기 대처 능력과 정보 판별 능력을 시험한다. 이처럼 학습자 수준이나 상황에 맞춰 게임 환경과 과제를 실시간으로 생성하는 기술을 '절차적 콘텐츠 생성(PCG)'이라 한다(Togelius et al., 2011). 또한 AI는 구조해야 할 NPC(가상 인물)의 성격을 동적으로 변화시킬 수도 있다. 어떤 NPC는 침착하게 자신의 상태를 설명하는 반면, 다른 NPC는 극도의 공황 상태에 빠져 비협조적으로 행동하게 만들어 학습자들의 감성지능과 설득 커뮤니케이션 능력을 평가한다. 만약 분석 결과 한 팀원이 대화에서 지속적으로 소외되고 있다면, AI는 오직 그 팀원만이 가진 기술(예: 잠긴 문을 여는 기술)이 필요한 새로운 과제를 생성하여 그의 참여를 자연스럽게 유도하고 팀 내에서의 역할을 재조정하는 등 지능적인 개입을 통해 팀 전체의 성장을 돕게 된다.

세 번째 사례는 언어 능력과 문화적 감수성을 동시에 기르는 적응형 언어 및 문화 몰입 훈련이다. 이 훈련은 단순히 단어를 외우고 문법에 맞게 말하는 것을 넘어, 문화적 맥락에 맞는 총체적인 상호작용 능력을 평가한다. 학습자는 가상의 외국 도시에서 AI 현지인들과 대화하며 길을 찾거나 물건을 사야 한다. AI는 학습자의 발음 정확도, 문법 오류, 응답 속도를 평가하는 동시에, 대화 시 상대방과의 물리적 거리(proxemics)나 제스처 사용과 같은 비언어적 요소가 해당 문화권에서 적절한지를 분석하여 '문화적 역량 점수'를 매긴다. 만약 학습자가 초급 수준이라면 AI 캐릭터들은 명확한 표준어를 천천히 말해주지만, 실력이 향상되면 현지 방언을 섞어 쓰거나 대화 속도를 높여 자연스럽게 난이도를 조절한다. 만약 학습자가 문화적 결례(예: 초면에 너무 사적인 질문을 하는 것)를 범하면, AI 캐릭터는 "그것은 무례한 질문입니다"라고 직접 지적하는 대신, 현실에서처럼 미묘하게 불편한 표정을 짓거나 대화를 짧게 끊는 등 암묵적이고 사회적인 피드백을 제공한다. 학습자가 시장에서의 간단한 거래를 성공적으로 마치면, AI는 'AI 현지인 가족의 저녁 식사에 초대받는' 것과 같이 훨씬 더 높은 수준의 격식과 문화적 이해를 요구하는 다음 시나리오를 제공할 수 있게 된다.

이처럼 개인화되고 강력한 적응형 시스템의 잠재력은 실로 엄청나지만, 그 힘은 반드시 신중한 윤리적 성찰과 책임감을 동반해야 한다. 첫째, 데이터 프라이버시 문제는 무엇보다 중요하다. 시선, 음성, 심박수 등 지극히 개인적인 생체 신호를 수집하는 만큼, 데이터가 서버로 전송될 때 완벽하게 암호화 및 익명화되어야 함은 물론, 학습자에게 자신의 데이터가 어떻게 사용되는지 투명하게 공개하고 원할 경우 언제든 데이터를 삭제하거나 접근할 권리를 보장해야 한다. 나아가, 민감한 원본 데이터는 사용자의 기기 안에서만 처리하고 분석 결과만을 익명화하여 중앙 모델 개선에 활용하는 연합 학습(Federated Learning)과 같은 기술적 접근도 프라이버시 보호를 위한 중요한 해결책이 될 수 있다.

둘째, 알고리즘 편향의 위험을 경계해야 한다. 만약 AI 모델이 기존의 데이터만을 바탕으로 '하나의 최적화된 성공 경로'만을 정답으로 학습하게 된다면, 비록 효과적일지라도 창의적이거나 비주류적인 문제 해결 방식을 가진 학습자에게 불이익을 줄 수 있다. 예를 들어, AI 협상 훈련 모델의 학습 데이터가 대부분 공격적인 스타일의 협상가들에게서 왔다면, AI는 합의와 관계 형성을 중시하는 협력적인 스타일을 '비효율적'이라고 잘못 판단할 수 있다. AI가 교육적 '폭군'이 되지 않도록, 시스템의 공정성을 주기적으로 감사하는 알고리즘 감사(algorithmic auditing)를 수행하고, 다양한 문화와 스타일의 전문가 데이터를 의도적으로 학습시켜 AI의 '관점'을 넓혀주는 노력이 필수적이다.

이러한 맥락에서 교사의 역할은 결코 사라지지 않으며 오히려 그 중요성이 더욱 커진다. 교사는 AI가 제공하는 방대한 분석 데이터를 해석하고, 이를 바탕으로 학습자와 깊이 있는 대화를 나누는 '데이터 기반 학습 코치'로 진화한다. 교사는 AI의 판단을 맹신하는 것이 아니라, 최종적인 교육적 판단을 내리는 '인간-루프(Human-in-the-loop)'의 핵심 주체가 된다. 대시보드에 나타난 "A학생이 특정 구간에서 5초간 망설였습니다"라는 차가운 데이터에 대해, 교사는 "그 순간 어떤 점이 가장 고민되었나요? 다른 선택지를 생각하고 있었나요?"와 같이 인간적인 질문을 던짐으로써, 평가를 학습자의 내면을 이해하고 성장을 격려하는 교육적 대화의 출발점으로 삼을 수 있다.

궁극적으로 교육용 게임 분석학에서 추구하는 미래는 평가를 학습의 끝에서 분리된 부담스러운 이벤트(학습의 평가, Assessment of Learning)에서, 학습 과정에 완벽하게 통합되어 성장을 위한 정보를 지속적으로 제공하고(학습을 위한 평가, Assessment for Learning), 나아가 평가 과정 자체가 의미 있는 학습 경험이 되는(학습으로서의 평가, Assessment as Learning) 단계로 나아가는 것이다(Earl, 2003). 이는 학습 과정을 지원하는 '형성적 피드백(formative feedback)'의 가치를 극대화하는 접근법이다(Shute, 2008).

참고문헌

Dede, C.(2009). Immersive interfaces for engagement and learning. *Science, 323*(5910), pp.66~69.

D'Mello, S. & Graesser, A.(2012). AutoTutor and affective AutoTutor: Learning by talking with cognitively and emotionally intelligent computers that talk back. *ACM Transactions on Interactive Intelligent Systems, 2*(4), pp.1~39.

Earl, L. M.(2003). *Assessment as learning: Using classroom assessment to maximize student learning.* Corwin Press.

Minogue, J. & Jones, M. G.(2006). Haptics in education: Exploring an untapped sensory modality. *Review of Educational Research, 76*(3), pp.317~348.

Picard, R. W.(1997). *Affective computing.* MIT Press.

Shute, V. J.(2008). Focus on formative feedback. *Review of Educational Research, 78*(1), pp.153~189.

Togelius, J. et al.(2011). Search-based procedural content generation: A taxonomy and survey. *IEEE Transactions on Computational Intelligence and AI in Games, 3*(3), pp.172~186.

VanLehn, K.(2011). The relative effectiveness of human tutoring, intelligent tutoring systems, and other tutoring systems. *Educational Psychologist, 46*(4), pp.197~221.

Vygotsky, L. S.(1978). *Mind in society: The development of higher psychological processes.* Harvard University Press.

Wood, D. et al.(1976). The role of tutoring in problem solving. *Journal of Child Psychology and Psychiatry, 17*(2), pp.89~100.

07

다중 양식 학습분석학 기반의 학습자 이해와 지원

학습자 분석의 새로운 지평을 여는 다중 양식 학습 분석(Multimodal Learning Analytics, MMLA)의 개념을 심층적으로 소개한다. 교육용 게임 애널리틱스가 주로 학습자의 행동 데이터에 집중했다면, MMLA는 여기서 한 걸음 더 나아가 텍스트, 음성, 표정, 제스처, 생체 신호 등 인간이 소통하고 표현하는 모든 채널, 즉 여러 양식(Modality)의 데이터를 통합적으로 분석한다.

AI와 애니메이션?

MMLA는 텍스트, 음성, 표정, 제스처, 생체 신호 등 인간이 소통하고 표현하는 모든 채널, 즉 여러 양식의 데이터를 통합적으로 분석한다. 이는 학습을 단순히 인지적 활동으로만 보는 관점에서 벗어나, 한 명의 학습자를 지식, 감정, 신체를 가진 총체적인 존재로 이해하려는 시도다. 몰입형 학습 공간에서 학습자는 키보드와 마우스를 넘어 자신의 목소리, 손짓, 시선으로 세상과 상호작용하며 의미를 구성한다. MMLA는 바로 이 풍부한 상호작용의 흔적들을 실시간으로 포착하고 해석하여, 이전에는 불가능했던 수준의 정교하고 인간적인 맞춤형 지원을 제공하는 핵심 기술이다.

멀티모달 데이터의 실시간 분석과 통합적 이해

멀티모달 학습 분석의 성공은 다양한 소스로부터 양질의 데이터를 실시간으로 수집하고, 이들을 유기적으로 융합하여 의미 있는 패턴을 찾아내는 능력에 달려있다. 각 데이터 모달리티는 학습자의 서로 다른 측면을 조명하는 렌즈와 같다. 가장 전통적인 데이터인 텍스트는 학습자가 가상 화이트보드에 작성하는 아이디어나 협업 과제 중 동료와 나누는 채팅 기록, 혹은 가상 IDE(통합 개발 환경)에서 작성하는 코드 라인 등을 통해 수집된다. 자연어 처리(NLP) 기술은 이 텍스트를 분석하여 학습자의 개념적 이해도, 논리적 사고력, 그리고 언어적 표현 능력을 평가한다.

음성 데이터는 텍스트를 넘어선 풍부한 정보를 담고 있다. AI는 학습자가 가상 환자에게 병력을 설명하는 목소리, 혹은 AI 튜터에게 질문하는 목소리를 분석한다. 이때 단순히 발화 내용의 정확성뿐만 아니라, 목소리의 톤(pitch), 크기(volume), 말하는 속도(speech rate) 등을 통해 자신감, 주저함, 혼란과 같은 정서적 상태를 추론한다. 예를 들어, 정답을 말하고는 있지만 목소리 톤이 불안정하고 끝을 흐린다면, 시스템은 이를 '낮은 확신도' 상태로 기록한다.

표정은 감정을 드러내는 가장 직접적인 창구다. VR 헤드셋 내부에 장착된 카메라나 외부 웹캠은 컴퓨터 비전 기술을 활용하여 학습자의 얼굴 표정을 실시간으로 감지한다. 가령, 가상 물리 실험에서 한 학생이 문제를 정확히 풀어냈지만, 그 순간 미간을 찌푸리는 미세 표정이 감지되었다면, AI는 이를 '정답은 맞혔으나 개념적으로 혼란을 겪고 있음'으로 해석할 수 있다. 이는 정답 여부만으로는 결코 알 수 없는 깊은 수준의 이해도 평가를 가능하게 한다.

몰입형 환경에서 가장 풍부한 데이터 소스는 단연 행동 데이터다. 시선 추적(Eye-gaze)은 학습자의 인지적 과정을 좇는 가장 강력한 도구다. 복잡한 가상 기계를 조립하는 훈련에서 학습자의 시선이 특정 부품과 조립 설명서 사이를 반복적으로 빠르게 오간다면, 이는 해당 단계에 대한 이해가 부족하다는 명백한 신호다. 제스처 및 자세 분석 또한 중요하다. 가상 발표 훈련에서 자신감 있는 학습자는 손을 넓게 사용하며 긍정적인 제스처를 취하는 반면, 불안한 학습자는 팔짱을 끼거나 몸을 움츠리는 경향을 보인다. AI는 이러한 신체 언어를 분석하여 학습자의 심리 상태를 파악한다.

마지막으로 생체 인식 신호는 학습자의 생리적 반응을 직접 측정한다. 심박수(HR), 피부전도도(GSR) 등의 센서는 학습자의 정서적 각성 상태나 인지적 부하를 객관적인 수치로 보여준다. 예를 들어, 고난이도 문제에 직면했을 때 심박수가 급격히 상승하고 피부 전도도가 높아진다면 이는 학습자가 과도한 스트레스를 받고 있음을 의미한다. 하지만 동시에 문제 해결 속도가 빠르고 정확도가 높다면, 이는 오히려 긍정적인 '몰입(Flow)' 상태의 생리적 증거일 수 있다.

MMLA의 진정한 힘은 이러한 개별 데이터를 단순히

나열하는 것이 아니라, 데이터 융합(Data Fusion) 기술을 통해 통합적으로 해석하는 데 있다. 이는 마치 오케스트라의 지휘자가 바이올린, 첼로, 트럼펫 등 각 악기 소리를 개별적으로 들을 뿐만 아니라, 그 소리들이 어우러져 만들어내는 전체적인 화음과 분위기를 이해하는 것과 같다. 마찬가지로 AI는 지도 학습, 비지도 학습, 딥러닝 등 다양한 기계 학습 알고리즘을 사용하여 여러 데이터 스트림 간의 복잡한 상관관계를 분석한다. 예를 들어, '느린 문제 해결 속도(행동)+미간을 찌푸리는 표정(표정)+잦은 한숨 소리(음성)+높은 심박수(생체 신호)'라는 데이터 패턴이 동시에 감지된다면, AI는 높은 신뢰도로 학습자가 '좌절' 상태에 빠졌다고 진단할 수 있다. 이처럼 교사가 교실에서 학생의 미묘한 변화를 감지하는 '인간적 통찰력'을 AI 시스템에 부여하는 것, 이것이 바로 MMLA가 추구하는 핵심 목표다. 이런 다중양식 데이터에 대한 관심은 AutoTutor와 같은 지능형 튜터링 시스템(VanLehn, 2011)이 학습자의 발화와 감정을 분석하여 피드백을 제공하던 초기 연구에서부터 발전해 왔다(D'Mello & Graesser, 2012).

멀티모달 학습 분석(MMLA)의 성공은 다양한 소스로부터 양질의 데이터를 실시간으로 수집하고, 이들을 유기적으로 융합하여 의미 있는 패턴을 찾아내는 능력에 달려있다. 각 데이터 모달리티는 학습자의 서로 다른 측면을 조명하는 고유한 렌즈와 같다. 이 렌즈들을 통해 얻은 개별적인 정보들을 하나로 모아 입체적인 초상을 완성하는 것이 MMLA 분석 엔진의 역할이다.

모달리티별 데이터의 심층적 의미

텍스트: 사고의 논리적 흔적

텍스트는 학습자의 구조화된 사고를 엿볼 수 있는 가장 전통적인 창구다. 몰입형 환경에서 이는 가상 화이트보드에 브레인스토밍한 아이디어나 동료와 나눈 채팅 기록, 가상 IDE에서 작성한 코드 라인 등으로 나타난다. AI는 자연어 처리 기술을 통해 단순히 문법 오류를 잡는 것을 넘어, 토픽 모델링(Topic Modeling)으로 학습자가 토론에서 어떤 핵심 주제에 집중하고 있는지, 혹은 어떤 개념을 계속해서 혼동하는지를 자동으로 식별한다. 또한 감성 분석(Sentiment Analysis)을 통해 학습자가 작성한 글의 긍정적, 부정적 뉘앙스를 파악하여 특정 과제에 대한 태도나 자신감을 추론하기도 한다. 예를 들어, 협업 프로젝트의 채팅 로그를 분석한 결과, 한 팀은 '사용자 경험'과 '디자인'이라는 주제에 집중하는 반면, 다른 팀은 '기술적 구현'과 '버그'라는 주제에만 갇혀 있다면, 이는 두 팀 간의 소통 부재나 잠재적 갈등을 암시하는 중요한 데이터가 된다.

음성: 감성과 확신의 파동

음성은 텍스트가 담지 못하는 감정과 확신을 전달한다. AI는 학습자의 발화를 음성-텍스트 변환(Speech-to-Text)하여 내용의 정확성을 평가하는 동시에, 그 소리의 물리적 특성을 분석하는 음향 특징 분석(Acoustic Feature Analysis)을 수행한다. 가상 환자를 진료하는 의대생이 "진단 결과는… 음… 아마도 심근경색인 것 같습니다"라고 말했다고 가정하자. AI는 '심근경색'이라는 내용은 정확하다고 판단하지만, 동시에 말 중간에 삽입된 불필한 간투어(Filler Word)인 '음'과 '아마도'라는 표현, 그리고 점차 작아지는 목소리 크기를 분석하여 '진단에 대한 확신도 낮음'이라는 결론을 내린다. 이처럼 음성 데이터는 학습자가 '무엇을 아는가'를 넘어, '자신이 안다고 얼마나 믿는가'까지 측정하는 중요한 단서를 제공한다. 예를 들어, 학습자가 가상의 학생 에이전트를 가르치는(Teachable Agent) 상황을 설정하면, 그 과정에서 드러나는 설명 방식이나 어조를 통해 학습자 자신의 개념적 이해도를 매우 효과적으로 분석할 수 있다(Chase et al., 2009).

표정과 시선: 비언어적 소통의 창

"눈은 마음의 창"이라는 말처럼, 표정과 시선은 학습자의 실시간 인지 및 감성 상태를 가장 투명하게 드러낸다. VR 헤드셋에 내장된 카메라는 학습자의 미세 표정을 감지한다. 예를 들어, 어려운 물리 문제를 풀고 정답을 맞힌 직후, 무의식적으로 안도감이나 기쁨이 아닌 '혼란'이나 '놀람'의 미세 표정이 나타났다면, AI는 이를 '우연히 맞혔을 가능성이 높음' 또는 '개념적 이해 부족'으로 해석한다. 시선 추적은 한 걸음 더 나아간다. 협업 상황에서 AI 강사가 특정 가상 부품을 가리키며 설명할 때, 학습자의 시선이 강사의 시선과 같은 곳을 향하는 공동 주의(Joint Attention)가 일어나는지를 확인한다. 만약 학습자의 시선이 계속 딴 곳을 향한다면, 이는 집중력 저하 또는 설명에 대한 이해 부족을 의미하므로, AI 강사는 "자, 여기 이 밸브를 보세요"라며 주의를 환기시킬 수 있다.

제스처와 자세: 체화된 이해의 표현

몰입형 환경에서 학습자의 손과 몸은 중요한 표현 도구

다. AI는 컴퓨터 비전 기술을 통해 학습자의 제스처와 자세를 분석하여 그들의 이해 수준과 자신감을 파악한다. AI는 단순히 손의 움직임을 추적하는 것을 넘어, 그 종류를 분류할 수 있다. 특정 대상을 가리키는 지시 제스처(Deictic Gestures), 어떤 사물의 모양을 허공에 그리는 형상 제스처(Iconic Gestures), 그리고 추상적인 개념을 손의 움직임으로 표현하는 은유적 제스처(Metaphoric Gestures)가 그것이다. 예를 들어 '피드백 루프'라는 추상적인 개념을 설명할 때, 단순히 화면을 가리키는 학습자보다 손으로 순환하는 고리 모양을 그려 보이는 학습자가 해당 개념을 더 깊고 체화된 수준으로 이해하고 있을 가능성이 높다. 자세 또한 중요한 단서다. 자신감 있는 학습자는 가슴을 펴고 개방적인 자세를 취하는 반면, 불안하거나 위축된 학습자는 팔짱을 끼거나 몸을 움츠리는 경향이 있다.

생체 신호: 생리적 각성의 지표

생체 신호는 거짓말을 하지 않는다. 심박수(HR), 피부전도도(GSR)와 같은 데이터는 학습자의 교감신경계 활성화 수준, 즉 생리적 각성 상태를 객관적으로 보여준다. 하지만 이 데이터는 해석에 주의가 필요하다. 높은 심박수는 극도의 스트레스와 불안을 의미할 수도 있지만, 동시에 고도의 집중과 즐거운 도전을 의미하는 '몰입' 상태의 증거일 수도 있기 때문이다. 따라서 생체 신호 데이터는 반드시 다른 모달리티의 데이터와 함께 해석되어야 한다. 예를 들어, 높은 심박수가 잦은 실수(행동)와 불안한 시선 처리(시선)와 함께 나타난다면 이는 '부정적 과부하 상태'로 진단할 수 있다. 반면, 높은 심박수가 빠르고 정확한 과제 수행(행동)과 자신감 있는 목소리(음성)와 함께 나타난다면, 이는 '긍정적 몰입 상태'로 판단하는 것이 타당하다. 이는 학습자의 정서 상태를 이해하려는 '정서 컴퓨팅(Affective Computing)' 분야의 핵심적인 과제 중 하나다(Picard, 1997).

데이터 융합: 총체적 이해의 완성

MMLA의 진정한 힘은 이처럼 다양한 렌즈를 통해 얻은 정보들을 하나로 융합하여, 한 명의 학습자에 대한 총체적이고 입체적인 그림을 그리는 데 있다. 이 과정은 마치 유능한 범죄 프로파일러가 사건을 분석하는 것과 유사하다. 프로파일러는 발자국(행동), 목격자 증언(음성/텍스트), 현장 사진(시선/표정), 법의학 보고서(생체 신호) 등 단편적인 증거들을 따로 보지 않는다. 그는 모든 증거를 종합하여 용의자의 숨겨진 동기와 다음 행동을 예측하는 전체적인 프로필을 완성한다.

AI 분석 엔진도 마찬가지의 데이터 융합(Data Fusion) 과정을 거친다. (1) 특징 추출(Feature Extraction): 각 데이터 스트림에서 의미 있는 특징(예: 음성의 주파수, 시선의 동공 크기)을 추출한다, (2) 시간적 정렬(Temporal Alignment): 모든 특징 데이터를 시간 축에 맞춰 정렬한다. 학습자가 '음…'이라고 주저하는 바로 그 순간의 표정과 시선, 심박수는 어떠했는지를 정확히 일치시킨다, (3) 융합 및 추론(Fusion &Inference): 시간 순서에 따라 정렬된 다중 양식 데이터 시퀀스를 순환 신경망(RNN)이나 트랜스포머(Transformer)와 같은 고수준 딥러닝 모델에 입력한다. 이 모델은 데이터 간의 복잡한 시계열적 상관관계를 학습하여, 최종적으로 "현재 이 학습자는 85% 확률로 '혼란' 상태이며, 10% 확률로 '지루함'을 느끼고 있습니다"와 같이 학습자의 내면 상태에 대한 확률적 진단을 내린다.

이처럼 MMLA는 개별 데이터의 합을 넘어선, 고차원적인 통찰력을 제공함으로써 AI가 학습자를 하나의 인격체로 더 깊이 이해하고 공감하는 기반을 마련한다. 이것이 바로 다음 절에서 논의할 '적응형 공감'을 가능하게 하는 기술적 토대다.

분석을 통한 적응형 지원 및 피드백 제공 방안

앞서 살펴본 멀티모달 학습 분석을 통해 학습자의 인지, 감성, 신체 상태에 대한 총체적이고 입체적인 이해, 즉 '디지털 트윈'을 확보하게 되면, 우리는 비로소 이전과는 차원이 다른 정교하고 효과적인 적응형 지원 및 피드백을 제공할 수 있게 된다. 시스템은 더 이상 정답과 오답만을 구분하는 채점 기계가 아니라, 학습자의 상태에 공감하고 반응하며 성장을 돕는 지능적인 파트너로 거듭난다. 이러한 지원은 여러 계층에 걸쳐 다각적으로, 그리고 실시간으로 이루어진다.

가장 즉각적인 지원은 실시간 다중 양식 피드백의 고도화를 통해 나타난다. MMLA는 학습자가 겪는 문제의 '유형'을 진단하고, 그에 가장 적합한 '양식'의 피드백을 제공한다. 예를 들어, 학습자가 가상 현실에서 복잡한 기계를 조립하면서 말로는 절차를 정확히 설명하지만(음성 데이터), 손의 움직임은 주저하고(제스처 데이터) 자꾸 다른 부품을 만지작거린다면(행동 데이터), AI는 이 학습자의 문제가 개념적 이해 부족이 아니라 절차적 숙련도 부족에 있다고 판단한다. 이때 AI는 텍스트로 된

개념 설명을 보여주는 대신, 학습자의 손 옆에 투명한 '고스트' 손을 나타내어 올바른 조립 동작을 시각적으로 시연해주는 피드백을 제공한다. 반대로, 학습자가 공간 퍼즐을 풀다가 막혔을 때, 시선 추적 데이터가 학습자가 결정적인 단서를 전혀 쳐다보지 않고 있음을 보여준다면, 시스템은 텍스트 힌트를 주는 대신 해당 단서가 있는 방향에서 희미한 소리가 들리게 하거나, 그 오브젝트만 미세하게 반짝이게 만들어 학습자의 주의를 자연스럽게 유도한다. 이처럼 문제의 원인이 되는 모달리티를 정확히 겨냥한 피드백은 학습의 효율을 극대화한다.

나아가 MMLA는 시스템이 학습자의 감정에 반응하고 이를 조절하는 적응형 공감(Adaptive Empathy) 능력을 구현하는 핵심 기반이 된다. 이는 학습자의 정서적 웰빙을 고려하여 심리적으로 안전한 학습 환경을 조성하는 데 결정적인 역할을 한다. 가령, VR 대중 연설 훈련에서 AI가 학습자의 목소리 떨림, 심박수 증가, 불안정한 시선 처리 등을 통해 극도의 무대 공포를 감지했다고 상상해 보자. 시스템은 "불안해 보이는군요"라고 단순히 상태를 통보하는 데 그치지 않고, 완전한 '정서적 지원 루프'를 가동한다. 먼저, AI 튜터 아바타가 부드러운 표정과 목소리로 다가와 "괜찮아요, 누구나 처음엔 떨리기 마련이

죠. 잠시 심호흡을 하며 긴장을 풀어볼까요?"라고 공감적 메시지를 전달한다. 이어서 튜터 아바타가 직접 깊게 숨을 쉬는 동작을 모델링으로 보여주고, 화면에는 학습자의 호흡 주기에 맞춰 천천히 커졌다 작아지는 시각적 안내(Pacing Circle)가 나타난다. 학습자가 이를 따라 하며 심박수가 점차 안정되는 것이 생체 신호로 확인되면, 튜터는 "아주 좋아요. 한결 편안해졌네요. 준비가 되면 다시 시작해봅시다"라며 긍정적인 강화를 제공한다. 이처럼 감지-개입-모델링-안내-강화로 이어지는 폐쇄 루프형 정서 지원은 학습자가 좌절의 순간을 극복하고 다시 도전할 용기를 얻게 한다. 이러한 정서적 지원과 스캐폴딩은 학습에서 교사나 유능한 또래가 수행하는 본질적인 역할이기도 하다(Wood et al., 1976).

이러한 총체적 이해는 동적 콘텐츠 개인화를 더욱 정교한 수준으로 끌어올린다. 시스템은 학습자의 실시간 상태뿐만 아니라, 장기간 축적된 데이터를 통해 파악된 개인의 학습 스타일과 성향까지 고려한다. 예를 들어, 어떤 학습자가 '신중한 탐색가(새로운 과제 앞에서 인지부하를 높게 느끼고, 정보를 충분히 탐색한 후 행동하는 유형)'로 프로파일링 되었다면, 시스템은 복잡한 새 단원을 시작하기 전에 항상 해당 내용의 핵심을 요약한 짧은 영상이나 전체 구조를 보여주는 인터랙티브 마인드맵을 '사전 준비 자료'로 먼저 제공한다. 반면, '경쟁적 성취가(점수와 랭킹에 강하게 동기 부여되는 유형)'로 파악된 학습자가 지루함(분산되는 시선, 반복적인 단순 행동)을 보이는 것이 감지되면, 시스템은 단순히 다음 단계로 넘어가는 대신, "깜짝 미션: 이 문제를 1분 안에 해결하고 보너스 포인트를 획득하세요!"와 같은 돌발적인 도전 과제를 제시하여 그의 경쟁심을 자극하고 몰입도를 다시 끌어올린다. 이처럼 학습자 상태에 맞춰 실시간으로 새로운 과제를 생성하는 기술은 '절차적 콘텐츠 생성(Procedural Content Generation)' 연구에 기반한다(Togelius et al., 2011).

마지막으로, 이 모든 분석 결과는 교실의 지휘자인 교사에게 심층적인 통찰력을 제공하여, 그를 증강된 의사결정자(Augmented Decision-Maker)로 만들어준다. 교사의 대시보드에는 더 이상 학생들의 정답률과 진도율만 표시되지 않는다. 대신, 각 학생의 수업 참여 과정 전체가 '감정 타임라인'과 함께 시각화되어 제공된다. "A 학생은 수업 시작 후 10분간 높은 몰입 상태를 보였으나, 분수 개념이 도입된 10분 5초 시점부터 혼란과 좌절 감정이 급증했으며, 이후 상호작용이 현저히 감소했습니다"와 같은 구체적인 경고 알림은, 교사가 놓치기 쉬운 학생의 보이지 않는 어려움을 정확히 포착하게 해준다. 이때 AI는 "A학생에게 1) 개인적인 격려 메시지 보내기, 2) 분수의 기초 개념에 대한 보충 미니 게임 제공하기, 3) 교사와 1:1 화상 대화 채널 열기"와 같은 몇 가지 개입 전략을 추천할 수 있다. 최종 결정은 교사가 자신의 교육적 지혜와 학생에 대한 인간적 이해를 바탕으로 내린다. 이처럼 강력한 분석 도구를 윤리적으로 활용하기 위해서는, 이후 논의할 '인간 개입 루프' 원칙에 따라 데이터의 해석과 최종 판단의 주체가 언제나 인간이어야 함을 명심해야 한다. AI는 교사를 대체하는 것이 아니라, 교사의 전문적 판단을 돕는 강력한 조력자가 되는 것이다. 궁극적으로 이러한 다중양식 분석 기반의 피드백은 학습자가 더 나은 학습 경로를 설정하도록 돕는 형성적 피드백(formative feedback)의 이상을 기술적으로 구현하는 것이다(Shute, 2008).

참고문헌

Chase, C. C. et al.(2009). Teachable agents and the protege effect: Increasing the effort towards learning. *Journal of Science Education and Technology, 18*(4), pp.334~352.

Dede, C.(2009). Immersive interfaces for engagement and

learning. *Science, 323*(5910), pp.66~69.

D'Mello, S. & Graesser, A.(2012). AutoTutor and affective AutoTutor: Learning by talking with cognitively and emotionally intelligent computers that talk back. *ACM Transactions on Interactive Intelligent Systems, 2*(4), pp.1~39.

Minogue, J. & Jones, M. G.(2006). Haptics in education: Exploring an untapped sensory modality. *Review of Educational Research, 76*(3), pp.317~348.

Picard, R. W.(1997). *Affective computing.* MIT Press.

Shute, V. J.(2008). Focus on formative feedback. *Review of Educational Research, 78*(1), pp.153~189.

Togelius, J. et al.(2011). Search-based procedural content generation: A taxonomy and survey. *IEEE Transactions on Computational Intelligence and AI in Games, 3*(3), pp.172~186.

VanLehn, K.(2011). The relative effectiveness of human tutoring, intelligent tutoring systems, and other tutoring systems. *Educational Psychologist, 46*(4), pp.197~221.

Vygotsky, L. S.(1978). *Mind in society: The development of higher psychological processes.* Harvard University Press.

Wood, D. et al.(1976). The role of tutoring in problem solving. *Journal of Child Psychology and Psychiatry, 17*(2), pp.89~100.

08

AI 기반 평가 시스템과 자동화된 피드백 제공

오랜 난제였던 '개인화된 피드백'의 한계를 생성형 AI가 어떻게 극복하도록 돕는지 탐구한다. 시의적절하고 상세한 피드백은 이제 AI를 통해 모든 학습자에게 즉각적이고 풍부하게 제공될 수 있는 선택지가 되었다. AI가 단순 채점과 같은 반복적 업무를 자동화함으로써 교육자의 역할을 '지식 전달자'에서 '학습 촉진자'로 재정의하는 과정과 이를 통해 대규모 맞춤형 학습을 실현하는 원리를 심층적으로 분석한다.

AI와 인재 채용?

새로운 피드백 패러다임: 희소성에서 풍요로움으로

교육 분야에서 개인화된 상세 피드백은 오랫동안 가장 귀중하면서도 희소한 자원이었다. 교육자의 시간과 노력이라는 물리적 제약으로 인해, 특히 대규모 강좌 환경에서는 모든 학습자에게 시의적절하고 의미 있는 피드백을 제공하는 것이 거의 불가능에 가까웠다. 피드백은 학습 과정에서 학생이 자신의 이해도를 점검하고 개선 방향을 설정하는 데 필수적인 요소지만, 이러한 희소성은 교육적 잠재력을 충분히 발휘하지 못하게 하는 근본적인 한계로 작용해 왔다. 그러나 생성형 인공지능, 특히 대규모 LLMs의 등장은 이러한 패러다임을 근본적으로 바꾸고 있다. AI는 과거에 부족하고 비용이 많이 들었던 피드백이라는 자원을 확장 가능하고, 반복적이며, 즉각적으로 제공 가능한 풍부한 자원으로 전환시킬 잠재력을 지닌다.

AI 기반 평가 시스템의 핵심 가치는 반복적이고 일상적인 업무를 자동화하여 인간 교육자의 역할을 재정의하는 데 있다. 채점이나 흔한 문법 오류 지적과 같은 기계적인 작업을 AI에 위임함으로써, 교육자들은 더 미묘하고 고차원적인 교육 활동에 집중할 수 있는 시간을 확보하게 된다. 이는 단순히 효율성을 높이는 것을 넘어, 교육의 질을 한 단계 끌어올리는 계기가 된다. AI가 기본적인 피드백을 제공하는 동안, 교육자는 복잡한 오개념을 바로잡고, 비판적 사고를 촉진하며, 학생 개개인과의 깊이 있는 멘토링 관계를 형성하는 등 인간만이 할 수 있는 고유의 역할에 더 많은 에너지를 쏟을 수 있다. 이러한 변화는 교육자를 단순한 지식 전달자에서 학습 촉진자 및 멘토로 전환시키며, 교육의 본질적인 가치를 심화시킨다.

이러한 자동화는 대규모 개인화(Personalization at Scale)라는 교육의 오랜 이상을 실현하는 기반이 된다. AI 시스템은 학생들의 응답 패턴, 학습 이력, 상호작용 데이터 등 방대한 정보를 정밀하게 분석하여 개별적인 강점과 약점을 파악하고, 이를 바탕으로 맞춤형 피드백을 제공할 수 있다. AI는 학습자의 혼란이나 참여도 같은 인지적, 정서적 상태를 자동으로 측정하고 분석하는 것을 목표로 한다(D'Mello et al., 2017; D'Mello & Graesser, 2014). 예를 들어, 드림박스(DreamBox)나 스마트 스패로(Smart Sparrow)와 같은 적응형 학습 플랫폼은 학생의 실시간 반응에 따라 동적으로 과제의 난이도를 조절하고 개인화된 학습 경로를 제시한다. 이는 모든 학생이 자신만의 속도에 맞춰 개념을 완전히 숙달할 수 있도록 지원하며, 획일적인 피드백을 넘어선 진정한 의미의 맞춤형 학습을 가능하게 한다. AI는 각 학생의 고유한 학습 여정을 이해하고 그에 맞는 지원을 제공함으로써, 교실 내 모든 학생이 소외되지 않고 잠재력을 최대한 발휘할 수 있는 환경을 조성하는 데 기여한다.

자동화된 피드백 시스템의 아키텍처

자동화된 피드백의 개념 자체는 새로운 것이 아니다. 특히 언어 교육 분야에서는 크라이테리온(Criterion)이나 피가이(Pigai)와 같은 자동 작문 평가(Automated Writing Evaluation, AWE) 시스템이 수년간 활용되어 왔다. 이러한 초기 시스템들은 주로 자연어 처리 기술을 사용하여 문법, 구조, 어휘 등 사전에 정의된 평가 기준에 따라 작문을 분석하고 피드백을 제공했다. 이와 유사하게, AutoTutor와 같은 지능형 튜터링 시스템(ITS)은 학습자와의 대화를 통해 개인화된 지도를 제공하는 초기 모델을 제시했다(Graesser et al., 2005). 하지만 생성형 AI와 LLM의 출현은 이 분야에 양자적 도약을 가져왔다. 이제 AI는 단순히 정해진 규칙에 따라 오류를 찾아내는 것을 넘어, 복잡하고 개방적인 과제에 대해서도 인간과 유사한 자연스러운 언어로 맥락에 맞는 교육학적으로 풍부한 피드백을 생성할 수 있게 되었다.

현대적인 AI 피드백 시스템의 아키텍처는 일반적으로 여러 단계로 구성된 순환적 데이터 처리 흐름을 따른다. 첫째, 학습 관리 시스템(LMS), 디지털 평가 도구, 설문 등 다양한 경로를 통해 학생 데이터를 수집한다. 둘째, 수집된 데이터를 정제하고 누락된 값을 처리하는 등 전처리 과정을 거친다. 이 단계는 데이터의 질을 보장하고 후속 분석의 정확도를 높이는 데 매우 중요하다. 셋째, 전 처리된 데이터에서 학생의 학습 행동과 성과를 나타내는 핵심 특징(feature)을 추출한다. 예를 들어, 과제에 소요된 시간, 상호작용 패턴, 정답률 등이 여기에 해당된다. 넷째, 이 특징들을 입력값으로 하여 미세 조정된 LLM과 같은 핵심 AI 모델이 피드백을 생성한다. 마지막으로, 생성된 피드백이 적절한 인터페이스를 통해 학생에게 전달되며, 시스템은 지속적인 모니터링과 평가를 통해 성능을 개선하는 순환 구조를 가진다.

여기서 더 나아가, 단일 에이전트 LLM이 가진 고질적인 문제, 즉 '과잉 칭찬(over-praise)'이나 '과잉 추론(over-inference)'의 경향을 해결하기 위한 고급 아키텍처가 개발되고 있다. 대표적인 예가 다중 에이전트 시스템(Multi-agent System)이다. '오토 피드백(Auto Feedback)'이라는 이름의 연구 시스템은 두 개의 AI 에이전트로 구성된다. 첫 번째 에이전트가 학생의 답변에 대한 초기 피드백을 생성하면, 두 번째 에이전트가 이를 검증하고 교육학적 관점에서 수정 및 개선하는 역할을 수행한다. 연구 결과, 이러한 다중 에이전트 접근 방식은 단일 에이전트에 비해 피드백의 정확성과 교육적 타당성을 현저히 높이는 것으로 나타났다. 이는 AI 피드백 시스템이 더욱 정교하고 신뢰할 수 있는 방향으로 진화하고 있음을 보여준다.

성공적인 AI 피드백 시스템을 설계하기 위해서는 기술적 정교함뿐만 아니라 교육학적 원칙을 깊이 있게 통합하는 것이 필수적이다. 예를 들어, 니콜과 맥팔레인-딕(Nicol and Macfarlane-Dick)이 제시한 효과적인 피드백의 7가지 원칙(명확한 목표 제시, 자기 평가 촉진 등)에 부합하도록 AI 프롬프트를 설계할 수 있다. 궁극적으로 시스템은 학습자에게 "나의 학습 목표는 무엇인가?(Where am I going?)", "나는 현재 어떻게 하고 있는가?(How am I going?)", 그리고 "다음 단계로 나아가려면 무엇을 해야 하는가?(Where to next?)"라는 세 가지 핵심 질문에 대한 답을 제공할 수 있어야 한다. 이는 피드백이 단순한 평가를 넘어 학습자의 성장을 촉진하는 실질적인 도구가 되도록 보장한다.

학생 경험: 정량적 및 정성적 분석

AI가 제공하는 피드백에 대한 학생들의 인식은 복합적인 양상을 띤다. 대규모 설문조사 연구에 따르면, 학생들은 AI 피드백이 가진 명백한 장점들, 즉 즉각성, 24시간 접근성, 방대한 양, 그리고 인간 평가자가 가질 수 있는 편견으로부터 자유로운 객관성을 높이 평가한다. 특히 피드백을 받기까지 기다려야 하는 시간이 거의 없다는 점은 학습의 흐름을 유지하고 동기를 부여하는 데 긍정적인 영향을 미친다. 하지만 동시에 학생들은 교사가 제공하는 피드백이 더 유용하며, 결정적으로 더 "신뢰할 수 있다"고 일관되게 응답한다.

이러한 '신뢰 격차(Trust Deficit)'는 AI 피드백 시스템이 극복해야 할 가장 큰 장벽 중 하나다. 연구에 따르면 학생들은 AI가 생성한 피드백을 인간의 피드백보다 덜 믿을만하고, 덜 관련성이 높으며, 맥락을 충분히 이해하지 못한다고 인식하는 경향이 있다. 이러한 인식은 피드백 제공자가 AI라는 사실이 공개되었을 때 더욱 증폭된다. 스위스 EPFL에서 457명의 학생을 대상으로 진행된한 연구에서는 동일한 내용의 피드백이라도 AI가 작성했다는 사실을 알게 된 후 학생들이 그 피드백의 '진정성(Genuineness)'을 유의미하게 낮게 평가하는 현상이 관찰되었다. 이는 AI가 권위 있는 피드백 제공자로서 인정받기까지 상당한 심리적, 사회적 장벽이 존재함을 시사한다. 실제로 AI 에이전트의 시각적 외형이나 상호작용 방식이 학생의 태도와 신뢰에 영향을 미친다는 연구 결과는 이러한 문제를 뒷받침한다(Veletsianos, 2010; Yilmaz & Kilic-Cakmak, 2012).

그러나 학생들의 선호도가 모든 상황에서 동일하게 나타나는 것은 아니다. 피드백의 가치는 과제의 종류와 맥락에 따라 달라진다. 예를 들어, 프로그래밍 과제와 같이 정답이 비교적 명확하고 구체적인 수정이 중요한 분야에서는 학생들이 AI 피드백을 선호하는 경향을 보인다. 특히, 자신의 코드를 프롬프트에 포함하여 생성된 피드백은 문제점을 명확히 지적하고 구체적인 해결책을 제시하기 때문에 매우 유용하다고 평가받는다. 이는 AI 피드백의 효과가 맥락화와 구체성 수준에 따라 크게 좌우될 수 있음을 보여준다. 여러 연구들은 공통적으로, AI가 제공하는 피드백은 속도와 구체성 측면에서 높은 평가를 받는 반면, 교사가 제공하는 피드백은 맥락적 이해와 정서적 지지 측면에서 더 신뢰받는다는 점을 보고한다. 다시 말해, 학생들은 AI 피드백을 즉각적이고 기술적인 문제 해결에 활용하는 동시에, 교사 피드백을 학습 과정 전반의 방향 제시와 동기 부여의 자원으로 인식한다.

실제 적용 사례 연구

AI 기반 평가 및 피드백 시스템은 이미 다양한 교육 현장에서 실질적인 변화를 만들어 내고 있다. 고등교육, K-12, 기업 교육 등 여러 분야에서 그 효용성이 입증되고 있다.

고등교육 분야에서는 조지아 공대의 '질 왓슨(Jill Watson)' 프로젝트가 대표적인 초기 성공 사례로 꼽힌다. IBM의 왓슨(Watson) 플랫폼을 기반으로 개발된 이 AI 조교는 대규모 온라인 강좌에서 학생들이 자주 묻는 질문에 자동으로 답변함으로써, 인간 조교들이 더 복잡하고 심층적인 질문에 집중할 수 있도록 도왔다. 초기 실험에서 질 왓슨은 높은 정확도로 학생들의 질문에 답변했으며, 학생들은 그녀가 AI라는 사실을 전혀 눈치 채지 못했다. 왓슨과 같이 교육적 역할을 수행하는 AI 에이전트의 설계와 효과에 대한 연구는 AI 교육 분야의 오랜 주제였다(Baylor & Kim, 2005; Johnson & Lester, 2016).

스탠퍼드 대학교의 'M-파워링 티처스(M-Powering Teachers)'는 한 걸음 더 나아가, AI를 교육자 자신의 전문성 개발에 활용한 사례다. 이 도구는 수업 녹취록을 NLP 기술로 분석하여, 교사의 발화 패턴, 학생의 기여를 수용하고 발전시키는 '업테이크(uptake)' 활용 빈도 등을 분석해 교사에게 맞춤형 피드백을 제공한다. 이 도구를 활용한 교사들의 수업은 실제 교육 방식 개선과 학생 만족도 향상으로 이어졌다. 이 외에도 그레이드스코프(Gradescope), 턴잇인(Turnitin), 블랙보드 런(Blackboard Learn)과 같은 플랫폼들은 코딩 과제부터 에세이 채점까지 다양한 유형의 과제를 자동화하여 교육 현장의 효율성과 일관성을 높이는 데 널리 사용되고 있다.

K-12 교육 현장에서도 AI의 도입이 활발하다. 호주의 '매스 패스웨이(Maths Pathway)'는 AI를 활용해 학생 개개인의 수학 학습 수준과 속도에 맞춰 개인화된 학습 경로와 실시간 피드백을 제공함으로써 학생들의 성취도 향상을 이끌어냈다. 랜드 연구소(RAND Corporation)의 2023년 가을 조사에 따르면, 미국 K-12 교사들의 AI 도구 사용률은 아직 18%로 높지 않지만, 특히 영어 및 사회 과목 교사들을 중심으로 수업 자료를 학생 수준에 맞게 수정하거나 새로운 자료를 생성하는 데 활발히 사용되

고 있는 것으로 나타났다. 이는 AI가 교사의 수업 준비 부담을 덜어주는 유용한 보조 도구로 자리 잡고 있음을 보여준다.

기업 교육 분야에서는 몰입형 기술과 AI의 결합이 두드러진다. 월마트는 AI 기반 가상 현실 시뮬레이션을 통해 직원들이 고객 응대와 같은 실제적인 시나리오를 안전한 환경에서 반복적으로 훈련하도록 돕는다. 이 시스템은 직원의 시선 처리, 반응 속도, 의사 결정 과정 등을 AI가 분석하여 개인화된 피드백을 제공한다. 이 접근법은 훈련 시간을 95% 단축하고 직원 성과를 15% 향상시키는 결과를 낳았다. 한편, IBM은 자사의 AI인 왓슨을 활용하여 직원들의 직무, 기존 역량, 경력 목표 등을 분석하고, 이를 바탕으로 최적화된 맞춤형 학습 경로를 추천하는 시스템을 운영하고 있다.

최신 동향과 지속적인 과제

AI 피드백 분야는 빠르게 진화하고 있으며, 새로운 개념과 함께 해결해야 할 과제들이 공존한다. 최근 링크드인(LinkedIn)과 같은 전문가 커뮤니티에서 주목받는 트렌드 중 하나는 'AI 기반 평가 플라이휠(AI-Powered Assessment Flywheel)'이라는 개념이다. 이는 생성형

AI를 활용하여, 낮은 단계의 형성 평가(low-stakes formativeassessment)와 미래 지향적 조언인 '피드포워드(feedforward)'를 지속적으로 제공하는 자기 강화 루프를 만드는 모델이다. 이 모델은 전통적인 '학습을 위한 평가(assessment for learning)' 전략이 가진 확장성의 한계를 극복하고, 학생의 지속적인 성장을 지원하는 새로운 가능성을 제시한다.

하지만 이러한 밝은 전망 이면에는 반드시 해결해야 할 심각한 과제들이 존재한다. 가장 중요한 것은 알고리즘의 편향성, 공정성, 그리고 형평성의 문제다. 편향된 데이터로 학습된 AI 모델은 기존의 교육적 불평등을 그대로 답습하거나 심지어 증폭시킬 위험이 있다. 이는 다양한 문화적, 언어적 배경을 가진 학생들이 있는 교실에서 AI가 학생들의 답변을 어떻게 평가하는지에 대한 심각한 우려를 낳는다. 특히 AI가 다양한 문화적 배경과 정서적 상태를 올바르게 모델링하고 편향 없이 반응하도록 설계하는 것은 이 분야의 핵심적인 기술적, 윤리적 과제다(Picard, 2003; Aylett & Paiva, 2012).

두 번째 과제는 데이터의 질과 AI의 '환각(Hallucination)' 현상이다. AI 피드백 시스템의 효과는 학습 데이터의 질에 절대적으로 의존한다. 방대한 인터넷 데이터로 학습된 일반적인 LLM은 그럴듯해 보이지만 특정 학문 분야의 맥락에는 맞지 않는 피드백을 제공할 수 있다. 또한 사실이 아닌 정보를 생성하는 환각 현상은 AI의 신뢰도를 근본적으로 훼손하는 핵심적인 기술적 문제로 남아 있다.

마지막으로, 교육학적 관점에서 AI 도구에 대한 과도한 의존이 학생들의 비판적 사고 능력과 학문적 독립성을 저해할 수 있다는 우려가 크다. AI가 제공하는 쉽고 빠른 답에 익숙해진 학생들이 스스로 문제를 분석하고 깊이 있게 사고하는 능력을 잃어버릴 수 있다는 것이다. 이러한 우려는 교육용 AI 에이전트 연구 분야에서 지속적으로 제기되어 온 문제이기도 하다(Schroeder & Gotch, 2015). 이러한 도전 과제들을 종합해 볼 때, AI 피드백과 인간 피드백은 대립 관계가 아니라 상호 보완적인 관계로 재정의되어야 한다. AI는 초안 작성, 코딩 문법 검토, 기본적인 문법 교정 등 빈번하고, 형성적이며, 부담이 적은(low-stakes) 피드백을 대규모로 제공하는 데 탁월한 강점을 보인다. 반면, 인간 교육자는 논증의 타당성, 창의성, 학생의 개인적 성장과 같은 중요하고 관계적이며 개념적인(high-stakes) 피드백을 제공하는 데 비교할 수 없는 전문성을 가진다. 가장 효과적인 교육

생태계는 이 둘을 결합하여 다층적인 지원 시스템을 구축하는 것이며, 이러한 협력 모델을 체계화한 것이 바로 이후 논의할 '인간 개입 루프(Human-in-the-Loop)' 패러다임이다. 즉, AI가 고빈도의 형성 평가 루프를 담당하게 함으로써 교육자들이 제한된 시간을 저빈도의 고영향 평가 및 발달적 피드백 루프에 집중할 수 있도록 하는 시너지 효과를 창출하는 것이 미래 피드백 시스템의 핵심이 될 것이다.

참고문헌

Aylett, R. & Paiva, A.(2012). Computational modelling of culture and affect. *Emotion Review, 4*(3), pp.253~263.

Baylor, A. L. & Kim, Y.(2005). Simulating instructional roles through pedagogical agents. *International Journal of Artificial Intelligence in Education, 15*(2), pp.95~115.

D'Mello, S. & Graesser, A.(2014). Confusion and its dynamics during device comprehension with breakdown scenarios. *Acta Psychologica, 151*, pp.106~116.

D'Mello, S. et al.(2017). Advanced, analytic, automated (AAA) measurement of engagement during learning. *Educational Psychologist, 52*(2), pp.104~123.

Graesser, A. C. et al.(2005). AutoTutor: An intelligent tutoring system with mixed-initiative dialogue. *IEEE Transactions on Education, 48*(4), pp.612~618.

Johnson, W. L. & Lester, J. C.(2016). Face-to-face interaction with pedagogical agents, 20 years later. *International Journal of Artificial Intelligence in Education, 26*(1), pp.25~36.

Picard, R. W.(2003). Affective computing: Challenges. *International Journal of Human-Computer Studies, 59*(1-2), pp.55~64.

Schroeder, N. L. & Gotch, C. M.(2015). Persisting issues in pedagogical agent research. *Journal of Educational Computing Research, 53*(2), pp.183~204.

Veletsianos, G.(2010). Contextually relevant pedagogical agents: Visual appearance, stereotypes, and first impressions and their impact on learning. *Computers & Education, 55*(2), pp.576~585.

Yilmaz, R. & Kilic-Cakmak, E.(2012). Educational interface agents as social models to influence learner achievement, attitude and retention of learning. *Computers & Education, 59*(2), pp.828~838.

09
인간 개입 루프를 통한 AI 학습 분석

LLM의 '할루시네이션'이나 생성형 AI의 '콘텐츠 신뢰성' 문제처럼 인공지능의 분석 능력은 그 자체만으로 완전하지 않다. 알고리즘은 맥락적 이해, 미묘한 판단, 윤리적 추론과 같은 인간 고유의 영역에서 한계를 보이기 때문이다. 이러한 간극을 메우고 AI 학습 분석의 신뢰성을 확보하기 위한 필수 전략이 바로 인간 개입 루프(Human-in-the-Loop: HITL) 패러다임이다.

AI와 기자?

HITL는 AI 및 머신러닝 시스템의 전체 수명 주기에 인간의 전문 지식을 체계적으로 통합하는 협력적 접근법을 의미한다. 교육 맥락에서 이는 교육자, 교과 전문가, 또는 데이터 분석가와 같은 인간이 학습 분석 모델의 훈련, 평가, 실시간 운영 과정에 적극적으로 참여하여 AI의 정확성을 높이고 편향을 완화하며, 알고리즘이 놓칠 수 있는 중요한 맥락을 제공하는 것을 뜻한다(Monarch, 2021).

HITL 개념을 더 깊이 이해하기 위해서는 통제권의 소재에 따른 중요한 구분을 인지해야 한다. 전통적인 HITL 시스템에서는 AI가 의사결정 과정을 주도하고 인간은 AI의 요청에 따라 데이터를 레이블링하거나(Active Learning), AI의 결정을 감독하고 수정하는 역할을 한다. 반면, 'AI-in-the-Loop(AI^{2}L)' 시스템에서는 인간이 최종 의사 결정권을 가지며, AI는 인간의 판단을 돕기 위한 보조적인 역할, 즉 데이터 분석, 패턴 인식, 제안 등을 수행한다. 학생의 학업 중단 위험 예측과 같이 중대한(high-stakes) 교육적 결정이 내려지는 상황에서, 인간의 주체성과 전문적 판단을 보존하기 위해서는 AI^{2}L 모델을 적용하는 것이 매우 중요하다. 이 구분은 단순히 기술적인 차이를 넘어, 시스템 설계에 내재된 교육 철학과 권력 구조를 반영한다.

학습 분석에서 HITL이 필수적인 이유는 기계 학습 모델이 가진 본질적인 한계 때문이다. 모델은 방대한 데이터에서 패턴을 찾아내는 데는 뛰어나지만, 그 패턴이 의미하는 교육적 맥락이나 학생 개개인의 특수한 상황을 이해하지는 못한다. 예를 들어, 한 학생의 온라인 활동이 갑자기 줄어들었을 때, AI는 이를 '학업 중단 위험 신호'로 분석할 수 있다. 그러나 인간 전문가는 이 학생이 질병이나 가족 문제와 같은 외부 요인을 겪고 있을 가능성을 고려하여 데이터를 해석하고, 보다 인간적인 개입을 할 수 있다. 이처럼 HITL은 인간의 감독을 통해 복잡한 학생 데이터를 올바르게 해석하고, 잠재적 편향을 식별하며, 시스템의 투명성을 높여 최종 사용자인 학생과 교육자의 신뢰를 구축하는 데 결정적인 역할을 한다.

신뢰할 수 있고 윤리적인 학습 분석 전략

HITL을 교육 현장에 효과적으로 구현하기 위한 구체적인 모델들은 인간과 AI의 상호작용 방식에 따라 다음과 같이 구분할 수 있다.

감독 루프(Supervisory Loop): 이 모델에서 인간은 최종 결정의 '문지기' 역할을 한다. AI가 분석을 통해 '학업 위험군 학생' 목록을 생성하면, 인간 전문가(상담사, 지도교수 등)가 이 목록을 검토하고 최종적으로 개입 여부와 방식을 결정한다. 이는 AI의 자동화된 분석 결과가 학생에게 직접적인 영향을 미치기 전에 인간의 신중한 판단을 거치게 하는 안전장치 역할을 한다.

상호작용 루프(Interactive Loop): 이 모델은 AI가 불확실성을 감지했을 때 능동적으로 인간의 도움을 요청하는 방식이다. 학습 분석에서는 시스템이 특정 학생의 데이터 패턴을 명확하게 분류하기 어려울 때, 해당 데이터를 인간 전문가에게 제시하여 추가적인 정보나 판단을 구하는 형태로 구현될 수 있다. 이는 액티브 러닝(Active Learning)의 핵심 원리로, 최소한의 인간 개입으로 모델의 정확도를 효율적으로 높이는 전략이다.

협력 루프(Collaborative Loop): 인간과 AI가 각자의 강점을 발휘하여 문제를 함께 해결하는 파트너십 모델이다. 예를 들어, 수백 명의 학생이 제출한 과제물에서 AI가 표절이 의심되는 부분이나 공통적으로 나타나는 오개념을 1차적으로 선별하면, 교육자는 그 결과를 바탕으로 심층적인 분석과 교육적 피드백을 제공하는 데 집중할 수 있다. 이는 인간과 기계의 시너지를 극대화하는 방식이다.

이러한 모델들 속에서 인간 전문가의 역할 또한 진화하고 있다. 과거에는 인간을 단순히 데이터를 분류하는 '레이블링 도구(data-labeling oracle)'로 취급하는 경향이 있었지만, 최근에는 인간을 AI 모델의 학습을 적극적으로 이끄는 '교사'로 보는 '기계 학습 지도(Machine Teaching, MT)' 패러다임이 주목받고 있다. 이 접근법은 대규모 데이터 세트가 없는 상황에서도 도메인 전문가가 자신의 지식을 활용해 효과적인 모델을 구축할 수 있게 한다.

이러한 HITL 전략의 성공적인 상용화 사례로 유니버시티 칼리지 런던(UCL)의 스핀오프 기업인 '휴먼루프(Humanloop)'를 들 수 있다. 휴먼루프는 확률론적 딥러닝 기술을 사용하여 AI 모델이 가장 불확실하게 여기는 데이터 영역을 정확히 식별한다. 그런 다음, 해당 영역의 데이터에 대해서만 인간 전문가에게 레이블링을 요청한다. 이 '액티브 러닝' 접근법은 모델 훈련에 필요한 데이터 레이블링의 양을 극적으로 줄여, AI 모델 개발 및 배포에 드는 시간과 비용을 획기적으로 절감시킨다(Humanloop, n.d.).

교육 분야 HITL을 위한 윤리적 청사진

교육 분야에서 HITL 시스템을 설계하고 운영할 때는 기술적 효율성뿐만 아니라 윤리적 원칙을 최우선으로 고려해야 한다. 시스템의 모든 결정이 학생의 미래에 중대한 영향을 미칠 수 있기 때문이다. 교육 분야 AI 윤리 가이드라인은 보편적으로 선행(Beneficence), 정의(Justice), 자율성 존중(Respect for Autonomy), 투명성(Transparency), 책임성(Accountability) 등의 핵심 원칙을 강조한다. HITL은 이러한 원칙들을 기술적으로 구현하는 핵심적인 메커니즘이다. 이는 AI의 의사 결정 과정을 불투명한 '블랙박스'로 남겨두지 않고, 인간의 가치와 윤리적 판단이 개입할 수 있는 통로를 확보함으로써 AI가 인간의 발전을 위한 도구로 남도록 보장하는 윤리적 필수 요건이다.

편향을 완화하고 공정성을 확보하는 것은 HITL의 가장 중요한 윤리적 기능 중 하나다. AI 모델은 훈련 데이터에 내재된 사회적 편견을 학습하고 증폭시킬 수 있다. HITL은 인간의 개입을 통해 이러한 편향을 식별하고 수정하는 역할을 한다. 예를 들어, 데이터 레이블링 과정에서 '성별'과 같은 주관적이고 민감한 속성을 직접적으로 분류하는 대신, '수염', '화장' 등 객관적이고 맥락적인 레이블을 사용하도록 가이드라인을 설정함으로써 편향의 위험을 줄일 수 있다. 또한 레이블링에 참여하는 인간 전문가들에게 잠재적 편견에 대한 교육을 실시하는 것도 중요한 윤리적 실천이다.

데이터 프라이버시와 감시 문제 역시 신중하게 다루어져야 한다. 학습 분석을 위한 데이터 수집은 본질적으로 학생에 대한 감시를 포함하며, 이는 학생들이 자신의 행동을 자기 검열하게 만드는 '위축 효과(chilling effect)'를 낳을 수 있다. 윤리적인 HITL 프레임워크는 어떤 데이터가 수집되고 어떻게 활용되는지에 대한 완전한 투명성을 보장해야 하며, 학생과 학부모의 동의를 구하고, AI의 분석 결과에 대해 이의를 제기할 수 있는 절차를 마련해야 한다.

이러한 윤리적 원칙들을 실제 시스템 설계에 적용하기 위한 실용적인 프레임워크로 소니아 티와리(Sonia Tiwari) 박사가 제안한 6단계 접근법이 유용하다. 이 프레임워크는 1) 필요 분석, 2) 가장 간단한 해결책 탐색(AI가 항상 필요한 것은 아님), 3) AI 필요성 평가, 4) 인간과 AI의 역할 정의, 5) 소규모 구현 및 평가, 6) 수정 및 반복의 단계로 구성된다. 이 접근법은 기술이 교육적 필요에 부합하도록 보장하고, 인간의 감독 역할을 유지하며, 윤리적 문제를 사전에 고려하도록 돕는다.

이론에서 실천으로: 고등교육에서의 HITL

HITL은 더 이상 이론적 개념에 머무르지 않고, 실제 고등교육 현장에서 다양한 형태로 구현되고 있다. 2024년 메마리안과 돌렉(Memarian and Doleck)이 발표한 체계적 문헌 고찰 연구는 교육 분야 HITL 관련 연구 28개를 분석하여 현황을 조명했다. 이 연구의 주요 발견점은 다음과 같다. 첫째, 대부분의 연구가 '인간'과 'AI'라는 두 개체 모델에 집중하고 있다. 둘째, 인간과 AI의 관계는 주로 데이터가 한 방향으로 흐르는(인간→AI 또는 AI→인간) 단방향적 관계를 보인다. 셋째, AI는 인간 전문가로부터 배우는 '훈련생'이거나, 인간 학습자에게 피드백을 주는 '전문가'라는 이원적인 역할을 수행하는 경향이 나타났다(Memarian & Doleck, 2024).

학습 분석(Learning Analytics, LA) 분야에서 HITL은 AI가 생성한 분석 결과를 교육적으로 의미 있는 행동으로 연결하는 '루프를 닫는(closing the loop)' 핵심적인 역할을 한다(Clow, 2012). 예를 들어, LA 대시보드가 특정 학생의 온라인 활동이 저조하다고 분석 결과를 제시하면, 인간 지도교수(루프 안의 인간)는 이 데이터를 학생의 개인적인 상황(예: 건강 문제, 아르바이트 등)과 결합하여 종합적으로 해석하고, 가장 적절한 상담 및 지원을 제공한다. 이처럼 HITL은 데이터 기반의 통찰력을 실제적인 교육적 개입으로 전환하는 필수적인 다리 역할을 한다.

스탠퍼드 대학교의 디지털 교육 담당 부총장 매튜 라스코프(Matthew Rascoff)는 '인류애를 담은 루프(humanity in the loop)'라는 더 넓은 개념의 프레임워크를 제안하며 교육용 AI를 세 가지 유형으로 분류했다. (1) 1대1 AI(One-to-one AI): 개별 학습자가 AI와 상호작용하는 모델이다(예: AI 독서 튜터 'Ello'). 이는 시스템이 사용자에 맞춰 적응하는 전형적인 'human-in-the-loop' 모델이다. (2) 다대일 AI(Many-to-one AI): 다수의 학생으로부터 수집된 데이터가 AI에 의해 처리되어 한 명의 교사에게 제공되는 모델이다(예: 학생들의 공통적인 오개념을 보여주는 대시보드). 이는 'humans-in-the-loop' 모델로, 교사에게 집단적 통찰력을 제공하여 교육 활동을 강화한다. (3) 다대다 AI(Many-to-many AI): 집단적인 인간 지능과 AI 지능이 결합하여 새로운 학습 시스템을 창발시키는 미래 비전을 나타낸다. 이는 웨이모(Waymo)의 자율 주행차가 전체 차량의 주행 경험 데이터를 통해 집단적으로 학습하는 방식과 유사하다 (Rascoff & Weiss, 2025).

결론적으로, AI기반 학습 분석 시스템 설계에서 HITL (AI 주도)과 AI^{2}L(인간 주도) 중 어떤 모델을 선택할 것인지는 교육학과 권력 역학에 깊은 영향을 미치는 가장 중요한 전략적 결정이다. 낮은 수준의 위험을 가진 영역에서 효율성과 자동화를 최적화하기 위해서는 HITL 모델이 적합할 수 있다. 그러나 학생에 대한 복잡하고 총체적인 평가와 같이 높은 수준의 위험을 수반하는 영역에서는 교육자의 자율성과 전문적 판단을 보존하고, 이를 통해 신뢰와 윤리적 책임성을 확보하기 위해 AI^{2}L 모델을 채택하는 것이 필수적이다. 이 선택은 기술적인 문제가 아니라 교육 철학적인 문제인 것이다. 예를 들어, AI가 학생의 성과 데이터를 기반으로 자동으로 연습 문제를 할당하는 것은 효율적인 HITL 적용 사례일 수 있다. 하지만 한 학생을 '학업 중단 위험군'으로 분류하는 것과 같은 중대한 결정은 AI가 분석 결과를 인간 상담사에게 '제시'하고, 최종 판단과 개입은 인간이 내리는 AI^{2}L 모델을 따라야만 한다. 복잡한 교육적 판단의 기본 값은 인간의 주체성과 책임성을 존중하는 AI^{2}L이어야 한다.

참고문헌

Clow, D.(2012). The learning analytics cycle: Closing the loop effectively. *Proceedings of the 2nd International Conference on Learning Analytics and Knowledge*, pp.134~138. https://doi.org/10.1145/2330601.2330636

Monarch, R.(2021). *Human-in-the-loop machine learning: Active learning and annotation for human-centered AI.* Manning Publications.

Rascoff, M. & Weiss, J.(2025.1.29). Educational AI with 'humanity in the loop'. Stanford Digital Education. https://digitaleducation.stanford.edu/news/educational-ai-humanity-loop

Simard, P., et al.(2017). Machine teaching: A new paradigm for building machine learning systems. https://arxiv.org/abs/1707.06742

Wang, S., et al.(2024). Artificial intelligence in education: A systematic literature review. *Expert Systems with Applications, 252*, 124167. https://doi.org/10.1016/j.eswa.2024.124167

10
증거 중심 설계를 활용한 몰입형 디지털 학습 환경 평가

증거 중심 설계(ECD)는 몰입형 학습 환경에서 학습 효과를 과학적으로 증명하는 핵심 프레임워크로, 평가 과정을 증거 기반 논증으로 재구성하여 역량을 타당하게 추론한다.

증거 중심 설계(ECD) 소개

가상현실과 증강현실 기술의 교육 분야 도입은 혁신적인 변화를 가져왔으나, 초기의 기술 중심 접근에서 벗어나 학습 효과의 과학적 증명을 강조하는 단계로 나아가고 있다. 단순한 몰입감이나 상호작용의 신기함에 그치지 않고, 이러한 기술이 실제로 학습자의 지식 습득, 기술 향상, 문제 해결 능력 등에 미치는 영향을 체계적으로 평가해야 할 필요성이 대두되고 있다. 이 맥락에서 증거 중심 설계(Evidence-Centered Design, ECD)는 평가와 학습을 체계적으로 통합하는 프레임워크로 주목받고 있다. ECD는 로버트 미슬레비(Robert Mislevy)와 동료들이 개발한 이론적 틀로, 평가 과정을 증거 기반 논증(evidentiary argument)으로 재구성하여 학습 환경에서 관찰되는 구체적 행동을 통해 학습자의 광범위한 역량을 타당하게 추론한다(Mislevy & Haertel, 2006; Behrens et al., 2012). 이는 논증의 논리적 일관성과 경험적 타당성을 보장하며, 몰입형 학습 환경의 복잡한 데이터를 효과적으로 관리한다. ECD를 적용하면 학습자의 상호작용이 역량 증거로 변환되어 평가 압박 없이 자연스러운 몰입을 유지할 수 있으며, 교육자는 데이터 기반으로 역량을 분석한다. 이는 '잠입 평가(stealth assessment)'의 핵심으로, 몰입형 기술의 잠재력을 극대화한다(Shute, 2011; Shute et al., 2009). 또한 ECD는 학습 목표와 평가의 정렬을 강조하여 VR/AR를 단순 시뮬레이션이 아닌 증거 기반 도구로 승화시킨다. 전통적 평가가 학습을 방해할 수 있는 반면, ECD는 실시간 증거 수집을 통해 학습 전이를 촉진하고 장기 성과를 제고한다. 교육 연구에서 ECD는 몰입형 환경의 지속 가능성을 위한 필수 기반으로 검증되었으며, 기술 도입의 교육적 가치를 명확히 입증하는 데 기여한다. 예를 들어, 의료나 산업 훈련에서 ECD는 기술 습득의 증거를 체계적으로 수집하여 실제 성과 향상을 증명한다. 이 접근법은 교육 심리학, 인지 과학, 컴퓨터 과학의 융합으로, 몰입형 학습의 효과를 객관화하여 교육 정책과 실천에 과학적 근거를 제공한다. 궁극적으로 ECD는 기술이 학습의 '수단'이 아닌 '증거 생성 도구'로 기능하도록 재정의하며, 교육의 미래를 형성하는 데 핵심적인 역할을 한다(Mislevy, 2013; Dede, 2012).

ECD의 세 가지 핵심 모델과 실증 사례

ECD 프레임워크는 평가 설계의 체계적 안내를 위해 세 가지 핵심 모델로 구성되어 있으며, 이는 학습 환경에서 역량 평가의 논리적 일관성을 보장한다(Mislevy et al., 2012). 첫째, 역량 모델(competency model)은 평가 대상인 지식, 기술, 능력(Knowledge, Skills, and Abilities, KSAs)을 명확하게 정의하고 세분화하는 단계로, 추상적인 개념을 측정 가능한 구체적 요소로 분해하여 평가의 기반을 마련한다. 이 모델은 평가의 '무엇'을 명확히 함으로써, 무작위적 평가를 방지하고 목적 지향적 설계를 가능하게 한다. 예를 들어, VR 기반 수술 훈련 프로그램에서 '수술 능력'이라는 광범위한 역량은 '기구 조작 정밀도', '조직 처리 기술', '봉합 효율성', '공간 지각 능력', '위기 대응 유연성' 등으로 세분화되어, 학습 목표의 명확성을 높이고 후속 평가 과정의 타당성을 강화한다. 물 로켓 발사 활동과 같은 과학·기술·공학·수학(STEM) 교육 사례에서는 '추론 능력'과 '아이디어 생성 능력'을 '건전한 가설 설정', '변수 조작 기술', '결과 해석 능력', '창의적 대안 탐색'으로 구체화함으로써, 21세기 핵심 역량을 평가 가능한 형태로 변환한다. 둘째, 증거 모델(evidence model)은 관찰 불가능한 역량을 관찰 가능한 행동과 연결하는 역할을 하며, 증거 규칙(evidence rules)을 통해 학습자 행동을 정량적 또는 질적 변수로 변환하고, 통계 모델(statistical model)을 활용하여 다중 증거를 종합적으로 분석한다. 이 모델은 '어떻게' 증거를 추출하고 해석할지를 규정하여 데이터의 신뢰성을 확보한다. VR 수술 훈련에서 '움직임 경제성', '오류 발생 횟수', '작업 소요 시간', '힘 적용 적절성' 같은 지표가 증거로 활용되며, 베이지안 네트워크나 아이템 반응 이론 같은 통계 기법으로 역량 수준을 추정한다. 물 로켓 활동의 경우, 학생의 설계 일지나 실험 기록이 창의성 증거로 작용하여 질적 코딩과 양적 점수화가 병행되며, 이는 학습 과정의 동적 변화를 포착한다. 셋째, 과제 모델(task model)은 증거를 자연스럽게 유도하기 위한 구체적 과제와 환경을 설계하는 단계로 가상 요소, 도구, 성공 기준, 난이도 조절을 상세히 규정한다. 이 모델은 '어떤' 과제가 증거를 가장 효과적으로 이끌어내는지 정의하여, 몰입형 환경의 실용성을 높인다. VR 수술 과제는 가상 환자 시나리오와 다양한 도구 옵션을 포함하여 특정 기술 발현을 유도하며, 물 로켓 활동에서는 '최대 체공 시간 로켓 설계' 과제가 변수 탐구를 통해 추론과 창의성을 촉진한다. 이러한 모델들의 상호 연계는 ECD의 강점으로, 실증 사례에서 그 효과가 입증된다. 의료 훈련 분야에서 ECD 적용은 오류 감소를 20~30% 수준으로 입증하며, STEM 교육에서는 인지 능력 향상을 통해 학습 전이 효과를 보여준다. 결과적으로, 이러한 모델들은 몰입형 학습 환경의 효과성을 강화하여 교육의 과학적 기반을 확고히 한다. 또한 모델 간의 피드백 루프를 통해 지속적 개선이 가능하며, 이는 교육 설계의 유연성을 높인다.

ECD 적용을 위한 실용적 설계 단계: 이론에서 실천으로

ECD의 세 가지 핵심 모델은 이론적으로 강력하지만, 실제 교육 환경을 설계하는 과정에서는 이를 어떻게 순차적으로 적용할지 막막할 수 있다. 이 파트에서는 역량, 증거, 과제 모델을 하나의 통합된 워크플로로 연결하여, 아이디어를 구체적인 학습 평가 시스템으로 전환하는 5단계의 실용적인 설계 과정을 제시한다. 이 과정은 엄격한 선형적 순서라기보다는 각 단계가 서로 영향을 주고받는 반복적(iterative)이고 유기적인 프로세스다.

1단계로는 목표 역량 정의 및 구체화(Competency Definition)가 이루어져야 한다. 모든 설계는 "학습이 끝난 후, 학습자가 무엇을 알고 있거나 할 수 있어야 하는가?"라는 질문에서 시작한다. 이 단계는 역량 모델을 구축하는 과정이다. '비판적 사고', '협업 능력'과 같은 추상적이고 광범위한 목표를 '주장의 기본 가정 식별하기',

'상반된 증거의 신뢰도 평가하기', '팀원의 제안에 건설적인 피드백 제공하기'와 같이 관찰 가능하고 측정 가능한 하위 요소(KSA)로 세분화해야 한다. 인지 과제 분석(Cognitive Task Analysis)이나 해당 분야 전문가(SME)와의 심층 인터뷰는 이 과정을 돕는 효과적인 방법이다. 목표가 구체적일수록 이후 단계의 설계가 명확해진다.

2단계로는, 증거가 될 행동 브레인스토밍(Evidence Brainstorming)이 진행된다. 목표 역량이 구체화되었다면, 이제 "학습자가 그 역량을 가졌다는 것을 우리는 어떻게 알 수 있는가?"를 질문할 차례다. 이는 증거 모델의 토대를 마련하는 과정이다. 각 하위 역량에 대해, 학습자가 가상 환경에서 보일 것으로 예상되는 구체적인 행동, 선택, 발언, 혹은 생성하는 결과물(artifact)을 최대한 많이 나열한다. 예를 들어 '위기 대응 능력'의 증거로는 '경보 발생 후 매뉴얼 확인까지 걸리는 시간', '돌발 상황에서 비상 연락망 사용 여부', '제한된 자원을 배분하는 선택의 합리성' 등이 될 수 있다. 이 단계에서는 양적 데이터(시간, 횟수)와 질적 데이터(선택의 이유에 대한 음성 녹음)를 모두 고려하는 것이 중요하다.

3단계는 증거 유도를 위한 과제 시나리오 개발(Task Development)이다. 브레인스토밍을 통해 도출된 '증거 행동'들이 자연스럽게 나타나도록 유도하는 구체적인 과제와 환경을 설계한다. 이는 과제 모델을 실제로 구현하는 단계다. 학습자에게 의미 있는 도전이 될 수 있도록 현실감 있는 맥락과 스토리를 부여하는 것이 효과적이다. 가령, 가상 화재 진압 훈련에서 '단순 화재 진압' 과제보다는 '바람의 방향이 수시로 바뀌고 구출해야 할 동료가 있는 복합 재난' 시나리오를 제공함으로써, 학습자의 정보 분석 능력과 의사 결정 능력을 동시에 평가할 수 있는 풍부한 증거를 수집할 수 있다. 이때 과제의 난이도, 제공되는 도구나 정보, 성공 기준 등을 명확히 설정해야 한다.

4단계는 데이터 수집 및 해석 규칙 명세화(Rule Specification)로 설계된 환경에서 증거 행동이 발생했을 때, 이를 어떻게 포착하고 해석할 것인지에 대한 구체적인 규칙을 정의한다. 이는 증거 모델의 통계적 부분을 완성하는 기술적 단계다. 시스템이 어떤 데이터를 자동으로 기록할지(예: 클릭 로그, 시선 추적 데이터, 이동 경로), 그리고 그 데이터를 어떻게 의미 있는 변수로 변환할지(예: '특정 부품을 3초 이상 응시=인지적 어려움', '오답에 대한 힌트 요청 횟수≥3=개념 이해 부족')를 명시한다. 베이지안 네트워크와 같은 확률 모델을 사용하여 여러 증거를 종합해 역량 수준을 추론하는 규칙을 설계할 수도 있다.

5단계는 프로토타입 제작 및 반복 검증(Prototyping & Validation)이다. 초기 설계에 기반한 프로토타입을 제작하고 실제 사용자를 대상으로 테스트를 진행한다. 이 과정은 설계의 타당성을 검증하고 개선점을 찾는 데 필수적이다. "우리가 설계한 과제가 의도한 증거 행동을 실제로 이끌어내는가?", "시스템이 데이터를 정확하게 수집하고 있는가?", "분석된 결과가 실제 전문가의 평가와 일치하는가?"와 같은 질문에 답하며, 그 결과를 바탕으로 1~4단계를 다시 검토하고 수정하는 반복적인 과정을 거친다. 이 순환적 개선 과정이야말로 ECD의 핵심이며, 교육적으로 유의미하고 신뢰도 높은 몰입형 평가 시스템을 완성하는 길이다.

ECD의 확장과 다분야 적용 사례

확장된 증거 중심 설계(e-ECD)는 표준 ECD를 학습 지원 기능으로 보강한 프레임워크로 평가와 학습 성장을 동시에 지원하여 적응형 교육 시스템의 설계에 적합하다(Arieli-Attali et al., 2019). e-ECD는 기존 모델을 확장하여 e-역량 모델에 '역량-변화 모델(KSA-change model)'을 추가함으로써 학습 과정의 동역학을 명시하고, 지식 축적 단계나 기술 숙련 곡선을 예측한다. 이 확장은 학습의 시간적 변화를 모델링하여 장기적 성장을 추적한다. e-과제 모델에는 '과제-지원 모델(task-support model)'을 도입하여 스캐폴딩, 힌트, 실시간 피드백, 난이도 적응을 통합하며, 학습자의 개별 수준에 맞춘 지지를 제공한다. e-증거 모델에는 '전이-증거 모델(transitional-evidence model)'을 추가하여 학습 지원 상호작용 데이터를 분석하고, 시간 경과에 따른 역량 변화를 추적함으로써 개인화된 교육 경로를 최적화한다. 이러한 확장은 e-ECD를 단순 평가 도구에서 포괄적 학습 시스템으로 승화시키며, 몰입형 환경에서 학습 동기와 유지율을 제고한다(Shute & Zapata-Rivera, 2012). 다분야 적용 사례로, 고위험 의료 훈련에서 LapSim VR 시뮬레이터는 e-ECD 원칙을 적용하여 수술 기술을 훈련하며, 무작위 대조 연구에서 실제 수술 성과 향상과 오류 감소를 입증한다. AR 기반 유아 교육에서는 태양계나 생태계 개념을 가르치는 애플리케이션이 인지 능력을 유의미하게 향상시키며, 퍼즐 완성 시 AR 콘텐츠 활성화가 e-ECD의 과제-증거 연계를 구현한다. 기업 훈련 분야에서 IBM의 영업 시뮬레이션은 협상 능력 증거를 이끌어

내고, 월마트의 고객 서비스 VR 훈련은 공감 기술을 강화하며, 델타 항공의 비행 훈련은 위기 대응 역량을 평가한다. 이러한 사례들은 e-ECD가 개인화 교육을 실현하며, 다양한 분야에서 학습 효과를 극대화한다는 점을 보여준다. 추가로, 특수 교육에서 자폐 아동을 위한 VR 프로그램은 사회적 기술 향상을 증명하며, e-ECD의 유연성을 입증한다.

구현 도전 과제와 미래 전망

e-ECD 구현 과정은 여러 현실적 도전 과제를 수반하며, 이는 교육 기술의 성숙 과정을 반영한다. 첫째, 비용 문제로 고가의 VR/AR 하드웨어, 네트워크 인프라, 컴퓨팅 자원 구축이 부담이 되며, 특히 자원이 제한된 교육 기관에서 접근성을 저해한다. 예를 들어, 개발도상국 학교에서 고성능 헤드셋 도입은 예산 부족으로 지연될 수 있다. 둘째, 콘텐츠 제작의 복잡성으로 교과 전문성, 교수 설계, 3D 모델링, 프로그래밍 등 다학제적 지식이 요구되어 시간과 비용이 과도하게 소요된다. 이는 콘텐츠 품질 저하로 이어질 위험이 있다. 셋째, 기술 난제로 몰입감을 유지하면서 객관적 평가 지표 추출과 실시간 피드백 통합이 어렵고, 데이터 분석의 정밀도가 부족할 수 있다.

네트워크 지연이나 알고리즘 오류가 평가 신뢰성을 떨어뜨릴 수 있다. 넷째, 인간 요인으로 사이버 멀미(cybersickness), 인지 과부하(cognitive overload), 장애인 접근성 문제가 발생하며, 이는 학습자 경험을 저하시킬 수 있다. 예를 들어, 시각 장애 학습자를 위한 대체 인터페이스 부재는 포용성을 해친다(Radianti et al., 2020). 이러한 도전은 기술 충실도(technological fidelity)에서 증거 충실도(evidentiary fidelity)로의 전환을 촉진하며, 교수 설계자와 기술 전문가의 초기 협력을 강화하고, 콘텐츠 기준을 교육학적 타당성으로 재정의한다. 또한 고비용 투자에 대한 명확한 논리를 제공하여 자원 배분을 정당화한다. 미래 전망으로는 e-ECD가 교육의 표준 프레임워크로 자리 잡아, 몰입형 기술의 도입을 가속화할 것으로 예상된다. AI와 빅데이터의 결합으로 적응형 시스템이 보편화되며, 학습 평등성을 제고할 가능성이 크다. 예를 들어, 클라우드 기반 플랫폼을 통해 저비용 접근이 가능해지며, 글로벌 교육 격차를 줄일 수 있다. 궁극적으로 e-ECD는 기술을 학습 증거 수집 도구로 재위치시키는 철학적 전환을 이끌며, 교육 혁신의 핵심 동력이 될 전망이다. 이는 지속적 연구를 통해 더 세밀한 모델 개발로 이어질 것이다.

참고문헌

Arieli-Attali, M. et al.(2019). The expanded evidence-centered design (e-ECD) for learning and assessment systems: A framework for incorporating learning goals and processes within assessment design. *Frontiers in Psychology, 10*, 853.

Behrens, J. T. et al.(2012). Evidence centered design for learning and assessment in the digital world. In Mayrath, M. C. et al.(eds.). *Technology-based assessments for 21st century skills: Theoretical and practical implications from modern research*, pp.13~53. Information Age Publishing.

Dede, C. (2012, May). *Interweaving assessments into immersive authentic simulations: Design strategies for diagnostic and instructional insights*(Commissioned White Paper, ETS Invitational Research Symposium). Princeton, NJ: Educational Testing Service. https://www.ets.org/Media/Research/pdf/session4-dede-paper-tea2012.pdf

Mislevy, R. J.(2013). Evidence-centered design for simulation-based assessment. *Military Medicine, 175*(10S), pp.107~114.

Mislevy, R. J. & Haertel, G. D.(2006). Implications of evidence-centered design for educational testing. *Educational Measurement: Issues and Practice, 25*(4), pp.6~20.

Mislevy, R. J. et al.(2012). Three things game designers need to know about assessment. In Ifenthaler, D. et al.(eds.). *Assessment in game-based learning: Foundations, innovations, and perspectives*, pp.59~81. Springer.

Radianti, J. et al.(2020). A systematic review of immersive virtual reality applications for higher education: Design elements, lessons learned, and research agenda. *Computers & Education, 147*, 103778.

Shute, V. J.(2011). Stealth assessment in computer-based games to support learning. In Tobias, S. & Fletcher, J. D.(eds.). *Computer games and instruction*, pp. 503~524. IAP.

Shute, V. J. & Zapata-Rivera, D.(2012). Adaptive educational systems. In Durlach, P. & Lesgold, A.(eds.). *Adaptive technologies for training and education*, pp.7~27. Cambridge University Press.

Shute, V. J. et al.(2009). Melding the power of serious games and embedded assessment to monitor and foster learning: Flow and grow. In Ritterfeld, U. et al.(eds.). *Serious games: Mechanisms and effects*, pp.295~321. Routledge.

문제웅

앨라배마대학교 교육대학 교육공학 조교수다. 플로리다주립대학교에서 교수학습시스템 및 학습공학 박사학위를 받았다(2021). 전남대학교에서 교육학 석사학위(2014)와 학사학위(2012)를 취득했다. 연구 관심 분야는 디지털 게임 기반 학습, 포괄적 및 몰입형 학습 설계(확장 현실), 학습 분석, 교육 데이터 마이닝 등이다. 2021년부터 앨라배마대학교에서 조교수로 재직하며, CIRCLS(Center for Integrative Research in Computing and Learning Sciences) 신진 학자로 올랐고(2021), Immersive Learning Research Network Conference에서 Outstanding Practitioner Paper Award를 2023~2024년 연속 수상했다. 디지털 게임 기반 학습, 몰입형 학습 환경 설계, 학습 분석 등과 관련해 50여 편의 국제 학술 논문을 발표했다.